Noemí Boza

POR QUÉ LO LLAMAN LIDERAZGO CUANDO QUIEREN DECIR COMUNICACIÓN

LID

MADRID | CIUDAD DE MÉXICO | BUENOS AIRES | BOGOTÁ
LONDRES | SHANGHÁI

LID EDITORIAL

A member of:
BPR
businesspublishersroundtable.com

EAN-ISBN13: 978-84-10221-31-4
Directora editorial: Laura Madrigal
Editora de mesa: Paloma Albarracín
Corrección: Cristina Matallana
Maquetación: www.produccioneditorial.com
Diseño de portada: Juan Ramón Batista
Impresión: Cofás, S.A.
Depósito legal: CO-1597-2024

Impreso en España / Printed in Spain

Primera edición: octubre de 2024
Segunda edición: marzo de 2025

Te escuchamos. Escríbenos con tus sugerencias, dudas, errores que veas o lo que tú quieras. Te contestaremos, seguro: *info@lidbusinessmedia.com*

A mi padre,
un líder de pocas palabras.

Índice

Introducción. Algo de impaciencia y mucha conexión.... 9

1. Primeros aprendizajes. Una historia de intuición y seducción 19

1. La intuición en la toma de decisiones 20
2. El esfuerzo emprendedor, la autoexigencia personal y sus riesgos 21
3. El poder de la conversación y la seducción en el emprendimiento para generar oportunidades.... 27

2. Liderar es emprender; somos lo que queremos ser.... 29

1. Tener iniciativa 31
2. Pensar en el futuro 36
3. Atreverse 39
4. Fracasos gloriosos 46
5. El *khaos* tatuado 49
6. La vida es de los que se obsesionan 53

3. La poderosa vulnerabilidad 55

4. Liderazgo bombón 59

1. Bombón valentía 63

2. Bombón curiosidad ... 65
3. Bombón flexibilidad ... 69
4. Bombón humildad ... 74
5. Bombón generosidad ... 78

5. Las bombón *skills* que multiplican la empleabilidad 81
1. Competencias clave para la empleabilidad ... 82
2. Saber vender, saber influir ... 87

6. Comunicarte mejor puede cambiar tu vida ... 91
1. La comunicación, ayer y hoy: de Pericles a Vicente Vallés ... 92
2. ¿Comunicación y emoción son entonces lo mismo? 98
3. Comunicándonos con nosotros mismos ... 100
4. Sobre nuestro relato y autenticidad ... 103

7. Decálogo de la comunicación que conecta ... 109
1. Decálogo para una comunicación que conecta ... 111
La sonrisa, que seduce ... 111
La sorpresa, que regenera neuronas y capta la atención ... 115
La confesión, que une ... 118
La velocidad, que sincroniza ... 121
La pregunta, que nos hace reflexionar ... 123
La palabra positiva, que mitiga la peor de las situaciones ... 125
La cita, que inspira ... 126
La distancia, que aproxima ... 127
La chispa, que enciende y divierte ... 129
La duración, que respeta ... 130
2. La comunicación, ese bombón que transforma nuestra realidad ... 133

8. Aquí vendemos todos ... 135
1. Don de gentes versus cantamañanas ... 139
2. Voluntad y resistencia para sobrellevar el no como respuesta ... 140

3. La necesidad de saber contar historias 143
4. La verdad en la venta 144
5. La escucha activa que debe convertirse en efectiva 146
6. El compromiso real 147

9. La conversación como oportunidad 149
1. Diez tipos de conversadores 152
2. Colección de diez perlas sobre liderazgo 156
Conversación con Oriol Segarra, CEO del Grupo Uriach 156
Conversación con Imelda Rodríguez, especialista en comunicación estratégica e imagen política 157
Conversación con Juan Carlos Cubeiro, experto en talento 158
Conversación con Henar Vega, *coach* y experta en el síndrome de *burnout* 158
Conversación con Luis Bassat, publicista 159
Conversación con José Armando Tellado, CEO de Capsa Food 160
Conversación con Toni Segarra Alegre, creativo 161
Conversación con Mercè Brey, experta en liderazgo y diversidad 162
Conversación con Xavier Marcet, experto en *management* 164
Conversación con Manuel Pimentel, editor 165

10. Todo es una cuestión de energía 167

Bibliografía 175

Agradecimientos 177

Introducción
Algo de impaciencia y mucha conexión

«Los peligros de la vida son infinitos,
y entre ellos está la seguridad».
Goethe

Bendita impaciencia

¿Es la impaciencia una virtud? ¿Nos hace más competitivos?

Cualquiera diría que la impaciencia es el mal de nuestro tiempo. Vivimos en la cultura de la inmediatez. La información en un clic, la hamburguesa a golpe de teléfono, el wasap que hay que responder de inmediato, el paquete de Amazon que se entrega en domingo... Es como si nuestra sociedad no tolerara la espera. Y así es como vamos viendo que la tecnología y los negocios nos ofrecen cada vez soluciones más competitivas para un modo de vida que nos impulsa a vivir con prisas.

Antes de la existencia de Google, cuando no sabíamos lo que era WhatsApp ni quién era Jeff Bezos, cuando los domingos la fiesta era que mi madre cocinara un pollo al horno porque no imaginábamos la posibilidad de pedir a domicilio la hamburguesa de moda, en aquel entonces, yo ya era una impaciente de narices.

Alguien dijo que la impaciencia es la debilidad del fuerte y la paciencia, la fortaleza del débil. A mí, que no soy filósofa ni psicóloga, lo que me interesa de la impaciencia es que nos impulsa a la acción, al objetivo que perseguimos.

Yo emprendí por impaciente
y aprendí a ser paciente emprendiendo.

Soy totalmente consciente de los peligros de la impaciencia porque los he sufrido: la frustración, la angustia y el estrés, entre otras consecuencias que sin duda nos provocan sufrimiento.

Sin embargo, reivindico la necesidad de ser impacientes, lo suficientemente para definir nuestros retos e impulsarnos al logro. No me refiero a la impaciencia que exige a los demás, sino a la de nuestro interior, a esa que sale del alma, a la que nos empuja y activa.

Algunas personas podrán pensar que la impaciencia nunca es buena, pero yo creo que tiene múltiples beneficios en nuestra vida personal. Y puedo confirmar mientras escribo estas líneas, a escasos días de cumplir el medio siglo, que la impaciencia me ha hecho ser una persona proactiva y resolutiva y, además, me ha permitido vivir experiencias maravillosas. Mi madre se ha pasado media vida diciéndome: «Qué impaciente eres». Bendita impaciencia, mamá.

De modo que, respondiendo a mi pregunta inicial, la impaciencia sí es una virtud y sí nos hace más competitivos.

A la impaciencia le pasa como a la tecnología o a las redes sociales: necesita gestión. ¿Acaso son malas las redes sociales? No, pero hay que saber gestionar sus peligros. Que la impaciencia no se pase de la raya: ese es el reto.

Existen un montón de artículos y libros destinados a alcanzar esa otra habilidad opuesta, la paciencia, como la virtud de las virtudes. No dudo en ningún momento de las ventajas de desarrollar la paciencia en nuestra vida, pero este que tienes entre tus manos es un libro que pretende despertar tu impaciencia. Porque despertar la impaciencia es activar nuestras oportunidades.

La impaciencia nos acerca al sentido de la urgencia, esa capacidad de hacer más y mejor en el menor tiempo posible. Como dijo el maestro John Kotter, reconocido profesor de liderazgo de la

Universidad de Harvard, el sentido de la urgencia es ese impulso de hacer las cosas bien, en el acto. El sentido de la urgencia se ha estudiado como una competencia esencial en las organizaciones y en todo profesional para afrontar cambios y optimizar resultados. No se refiere a hacer las cosas con prisas ni debe confundirse con estar todo el tiempo enfocados en las cosas urgentes. Ya sabemos lo esencial que es en el entorno laboral y en la vida distinguir entre lo *urgente* y lo *importante*.

El verdadero sentido de la urgencia está planeado y tiene que ver con hacer que las cosas ocurran cuando queremos que ocurran y de forma eficiente.

Alguien dijo que los cinco sentidos que configuran nuestro carácter son el de la responsabilidad, el común, el del humor, el trascendente de la vida y el de la urgencia. Puedes reflexionar sobre cómo vas con los cuatro primeros sentidos, pero me refiero aquí al último, al sentido de la urgencia, porque es el que nos incita a saber enfocar prioridades, a cumplir las promesas y a tener velocidad de respuesta. Es decir, a todo lo que nos permite estar más cerca de nuestros retos.

Aun siendo defensora de la impaciencia, no me olvido de nuestro sabio y popular refranero: «La paciencia es la madre de la ciencia». Nos sugiere esta frase que, efectivamente, necesitamos esfuerzo y dedicación para lograr lo que deseamos. Eso lo tengo claro porque más de veinte años de emprendimiento te arman de paciencia y te obligan a una buena dosis de esfuerzo y dedicación. Entiendo que toda carrera profesional requiere paciencia sostenida para superar los obstáculos. Sin embargo, pienso que antes de desarrollar la paciencia precisamos impaciencia para lanzarnos con ganas a por nuestro objetivo. Sin la acción no hay paciencia necesaria. Primero van las ansiosas ganas de hacer y luego la paciencia. Y en el medio, entre la bendita impaciencia y la necesaria paciencia, está el arte de liderarte bien.

Pero ¿qué significa eso de liderarte bien?

¿Liderar es lograr nuestros objetivos profesionales? ¿Manejar bien nuestra vida? ¿Gestionar bien un equipo si lo tienes? ¿Conseguir que los otros te admiren y te sigan? Quizás liderar sea todo esto a la vez.

He necesitado volver atrás en el tiempo para entender lo esencial de ese proceso de aprendizaje que es liderar y, al retroceder, he descubierto que emprender es uno de los mayores ejercicios de liderazgo que existe. El que lidera una empresa o a un equipo, al margen de que sea propietario o no, se pasa el día emprendiendo acciones con las personas de su organización en busca de un objetivo común. El que emprende desde cero se pasa el día liderando su tiempo, sus tareas, a sus clientes y sus finanzas para que su negocio tire para adelante. De modo que emprender y liderar son lo mismo. Y resulta que emprender y vivir también se parecen mucho. De algún modo, todos somos emprendedores. No existe mayor *start-up* que nuestra propia vida; liderarla bien es el negocio que todas las personas tenemos entre manos.

Esa sofisticada tarea que es emprender te obliga a liderarte bien

Cuando estás al frente de tu propio negocio, sea pequeño o grande, desarrollas una serie de actitudes que con los años he descubierto que son valiosas y necesarias para impulsar cualquier trayectoria profesional. Son las actitudes y habilidades que conforman el que denomino *liderazgo bombón*. En una sociedad que premia la apariencia y el postureo, el reto hoy es que empresas y personas seamos como bombones, tan deliciosos en nuestro interior como sugerentes nos mostramos en nuestra cobertura exterior. Descubrirás en estas páginas las que son para mí las virtudes y habilidades para convertirte en un profesional bombón.

Una vez me dijo el filósofo, ensayista y catedrático de filosofía de la Universidad de Barcelona Josep María Esquirol, algo que me impactó. Lo conocí en un evento que recuerdo especialmente por el delicado momento que vivíamos entonces. Era el primer acto presencial que mi compañía organizaba tras la pandemia. Puedes imaginarte cuánto sufrimos entonces las empresas que, como la mía, desarrollábamos una parte de nuestra actividad en la organización de eventos. Nuestros negocios se derrumbaron. Nos volvimos locos organizando todo tipo de actividades virtuales. Aquel evento era especial, pues estábamos ansiosos de volver a la presencialidad. Era un momento de reencuentro, de vuelta a aquello que se llamó *new normal*. Se dispusieron las sillas y mesas del acto en un formato diferente, más separadas de lo habitual, para garantizar mayor seguridad. Por fin, aunque con mascarilla, volvíamos a juntarnos físicamente.

Conversando con Esquirol, a quien entrevisté ante un grupo de profesionales, me dijo algo que me impresionó: «Lo importante para que la vida vibre más es saber aproximarse de tal modo que conviertas al otro en próximo». Es una frase de gran belleza que, en mi opinión, resume a la perfección lo que deberíamos hacer todos en nuestra vida cotidiana: convertir al otro en próximo. En aquel momento posconfinamiento, cuando la proximidad física entre personas se había alterado tanto y estábamos volviendo a aprender a acercarnos unos a otros sin miedo, aquella frase del filósofo cobraba especial relevancia. Por supuesto que Esquirol no se refería solo a la proximidad física, pues hay muchas formas de acercarse al otro. Es un arte saber cómo hacerlo para que la vida vibre más.

> Me atrevo a preguntarte: ¿cómo crees que podemos conseguir aproximarnos al otro para que la vida vibre más?

A mí solo se me ocurre una forma. Las personas tenemos a nuestro alcance una poderosa herramienta para lograrlo: nuestra comunicación, esa habilidad que nos permite perseguir lo que anhelamos y conectar con los demás. Creo que no hay dos motivos más honrosos y que valgan más la pena: lograr nuestros sueños y conectar emocionalmente con otras personas. En ambos casos, nuestra habilidad como comunicadores será clave.

La mayoría de los errores que he cometido a lo largo de mi trayectoria profesional han tenido su origen en un desacierto en mi comunicación. Y, del mismo modo, los mayores logros en mi vida hasta la fecha se los debo a una eficaz comunicación. La comunicación, con nosotros mismos y con los demás, nos dirige, nos condiciona, es capaz de cambiarnos la vida. Entonces, ¿por qué lo llaman *liderazgo* cuando quieren decir *comunicación*? La comunicación es el factor clave para un liderazgo de éxito. En ocasiones etiquetamos el liderazgo con cualidades y actitudes de las personas que no son del todo determinantes. Lo que define al líder y otorga realmente liderazgo a una persona es su capacidad de conexión. Conectar es mucho más que comunicar. Para conectar con los demás, necesitamos comunicar mejor. Una buena comunicación multiplica nuestras posibilidades. El dominio de la comunicación hace brillar nuestro talento. Y la capacidad de conexión con los demás nos brinda grandes oportunidades para el liderazgo.

Por qué lo llaman liderazgo cuando quieren decir comunicación no va exclusivamente de liderazgo ni tampoco específicamente de comunicación, sino de un modo de estar en la vida. Te propongo una receta para liderarte y liderar que tiene como ingrediente esencial la comunicación, poderosa herramienta que nos acerca a nuestros sueños.

Por mi actividad profesional, tengo la oportunidad de entrevistar y conversar con filósofos, artistas, empresarios, políticos, conferenciantes, CEO de grandes compañías y personajes muy reconocidos en sus sectores. Eso me permite aprender y reflexionar sobre cuestiones que quiero recoger en estas páginas que espero que te resulten de utilidad.

Este, que es mi primer libro, en cierto modo supone también una forma de agradecer la generosidad de todas las personas que han pasado a lo largo de estos años por los eventos que organiza mi empresa, especialmente por Canal CEO (www.canalceo.com), una comunidad de profesionales interesados en el ámbito del liderazgo que dirijo desde hace algunos años. Me alegra saber que a través de estas páginas sus ideas pueden llegar a personas que no tienen la posibilidad de asistir a nuestros eventos.

Para aprender a comunicar mejor, tenemos que prestar atención a nuestras conversaciones. Y para mantener buenas conversaciones, el hábito de la lectura nos ayuda, así que me permito a lo largo de estas páginas sugerir algunos libros que me han inspirado.

No hay reglas para afrontar la vida, de modo que no voy a dar lecciones de nada; solo quiero compartir lo que a mí me ha servido. Cuando le conté a una de mis socias, Cristina Chollet, que estaba escribiendo un libro, me dijo: «Vas a escribir una biografía de aprendizajes». Las dos sabemos que ella aborrece los libros de autoayuda, así que me pareció que era una buena forma de sustituir eso de la autoayuda. Efectivamente, recojo una serie de aprendizajes que espero que puedan incitarte a reflexionar sobre cuestiones clave de tu actitud en la vida y en el trabajo. Sería una enorme satisfacción que la lectura de este libro te animara también de alguna manera a perseguir nuevos retos.

Y, aunque la descripción del libro que hizo mi socia de inicio me pareció algo arrogante, en realidad tenía razón. Quiero contar algunas de las cosas que he aprendido en este tiempo emprendiendo ahora que acumulo años rodeada de personas inteligentes. En este camino han sido muchas las que con su confianza me han ayudado y me han permitido crecer profesionalmente: socias, equipo, clientes, amigos, familia, ponentes, colaboradores, etc. Mi agradecimiento a todos los que se han cruzado en mi camino y me habéis apoyado de un modo u otro.

No puedo conocer en detalle cuáles son tus expectativas con esta obra, pero permíteme que tú conozcas las mías. A través de estas páginas desearía:

- Desarrollar tu actitud emprendedora en la vida. Al margen de cuál sea tu profesión y de que trabajes por cuenta propia o ajena. Es indiferente que tengas en mente montar algún día un negocio o que lleves años trabajando en la misma organización y quieras seguir haciéndolo.
- Despertar tu iniciativa y activar tu energía. Algunas personas tienen la iniciativa más dormida que otras, pero todas podemos despertarla con el objetivo de encontrar oportunidades y un futuro mejor.
- Descubrirte las actitudes que te convertirán en un profesional o líder bombón. Tan irresistible por fuera como delicioso en su interior. El relleno del bombón es tu autenticidad.
- Desplegar y mejorar tus habilidades como comunicador. Lo que te aportará soluciones para afrontar mejor retos y situaciones cotidianas de tu vida personal y profesional. Consecuentemente serás más feliz.

En estas páginas recojo únicamente mi historia, como tu historia es solo la tuya. Recuerdo aquí la célebre cita del filósofo español Ortega y Gasset: «Yo soy yo y mi circunstancia», que hace referencia a esa fuerte e indisoluble unión entre el yo y nuestra circunstancia. Todas nuestras decisiones están condicionadas por nosotros, pero también por ese entorno que nos contiene. Una vez que aceptamos lo que tenemos a nuestro alrededor (la circunstancia), tenemos la libertad de tomar las mejores decisiones hacia un presente que nos llene y un futuro que nos ilusione. Esta idea de Ortega y Gasset me tranquiliza porque me permite pensar que todo lo que comparto en estas páginas, mis experiencias y aprendizajes, es fruto de mi circunstancia. Sé que hay tantos yos y tantas circunstancias como personas. Solo deseo alimentar la reflexión de tu yo y tu circunstancia, aun sabiendo que cada una de las personas que me leáis tenéis una personalidad, un trabajo, una formación, unos intereses, unos sueños, una familia, una cultura y un entorno diferentes. Te pido que adaptes mi mensaje a tu yo y tus circunstancias. Ojalá disfrutes de la lectura.

Mi deseo es que el libro te permita estar algo más cerca de tus retos, o que simplemente te inspire para que seas mejor liderando y comunicando.

- *Por qué lo llaman liderazgo cuando quieren decir comunicación* invita a explorar y a desarrollar nuestras actitudes y habilidades prestando especial atención a la comunicación eficaz y a la conexión con los demás.
- *Por qué lo llaman liderazgo cuando quieren decir comunicación* recoge mis aprendizajes de más de dos décadas emprendiendo y las valiosas reflexiones de reconocidos líderes, tan útiles para los negocios como para la vida.
- *Por qué lo llaman liderazgo cuando quieren decir comunicación* no va de la fórmula mágica para triunfar, pero sí de una fórmula que a mí me ha servido para lograr pequeños triunfos.

Habrás imaginado ya que esta obra no guarda semejanza alguna, más allá del título, con aquella comedia del cine español que protagonizó la actriz Verónica Forqué *¿Por qué lo llaman* amor *cuando quieren decir sexo?* Sin embargo, y sin pretensión alguna de equiparar el liderazgo al amor y la comunicación al sexo, *Por qué lo llaman liderazgo cuando quieren decir comunicación* otorga a la comunicación un papel relevante para enriquecer nuestra experiencia vital y nuestras relaciones personales.

Lidera bien, comunica mejor como subtítulo del libro evoca voluntad de aprendizaje, compromiso, cambio y un futuro prometedor.

Esta es una obra que me hubiera gustado leer cuando en 2002 inicié mi andadura como empresaria (entonces el verbo *emprender* no existía). También es el libro que me gustaría que leyeran mis hijas, Carmen e Inés, para provocarles algunas reflexiones sobre su futuro.

He anotado en libretas y guiones en los últimos años cientos de frases que me han dicho grandes líderes en nuestras conversaciones. Ojalá las hubiera recopilado todas. Me viene a la mente una de las que aplica perfectamente para cerrar esta introducción titulada *Algo de impaciencia y mucha conexión*. Es una lección que aprendí en una conversación con un gran directivo y mejor persona, Juan Goñi, CEO de laboratorios CINFA, empresa farmacéutica líder en nuestro país cuyos productos me apuesto lo que quieras a que están en el botiquín de tu casa por escaso que sea —eso deseo—.

Me dijo un día Goñi: «Hoy el mundo necesita menos pretensiones y más esperanza». Desde entonces, he relativizado algo mis exigencias, resultados y objetivos profesionales. ¡Gracias, Juan, por esa frase que desde que te la escuché me sirve de guía! No tengo grandes pretensiones con este libro, pero sí mucha esperanza, la de que te guste, disfrutes de su lectura y sobre todo te resulte útil en algo.

Espero haber despertado algo tu impaciencia para seguir leyendo *Por qué lo llaman liderazgo cuando quieren decir comunicación*.

1
Primeros aprendizajes. Una historia de intuición y seducción

Hasta aquí y con un preámbulo sobre la impaciencia, te he avanzado algunas de mis ideas, como que liderar en realidad es emprender, que todos somos emprendedores de nuestra propia vida y que, en esa tarea de liderarnos y liderar, la comunicación será clave.

Si tengo la suerte de que me acompañes hasta el final del libro, vamos a compartir algunas horas juntos, así que me gustaría que desde el principio me conozcas algo mejor, pues lo que comparto en estas páginas tiene mucho que ver con mi propia historia. Para recrear el momento y esa sensación fantástica de cuando estás en una primera cita conociendo a alguien, me imagino sentada tan a gusto contigo en una agradable terraza. Entonces te invito a un Campari con cava, que es mi aperitivo favorito, aunque tú puedes pedirte una cerveza, un vino, una Coca-Cola o lo que prefieras. Y con la copa de ese Campari refrescante de rojo intenso en mano, te cuento parte de mi historia emprendedora. Para arrancar la conversación, fantaseo que tú me preguntas:

—¿Por qué emprendiste? ¿Cómo lo decidiste?

—Quería probarlo. Como buena impaciente, no me apetecía esperar a que otra persona me diera una oportunidad. Así de simple.

—¿Cómo?

—De forma inconsciente. Sin un DAFO de por medio.

1. La intuición en la toma de decisiones

Seguro que alguna vez te has planteado qué hubiera pasado si hubieras aceptado aquel trabajo que rechazaste o qué hubiera ocurrido si hubieras hecho algo a lo que aún no te has atrevido; o qué habría pasado si no hubieras tomado una decisión que sabes perfectamente que ha marcado tu vida o tu carrera profesional.

Nos pasamos el día tomando decisiones, algunas cruciales; todo el día estamos eligiendo. Está claro que, cuando decidimos, además de asumir la decisión y sus consecuencias, entran en juego múltiples factores, entre ellos el inconsciente, la intuición. Lo explica muy bien David Cabero, director general para Europa del Grupo BIC, en su fantástico libro *Decidiendo.*

Nos dice el directivo de los famosos bolis BIC: «En todo proceso de toma de decisiones hay una parte destacable de intuición, y va estrechamente asociada a toda la experiencia acumulada. Ni la experiencia ni el aprendizaje son garantía de éxito, pero reducen las probabilidades de error».

Hace un par de años, con motivo de la publicación de su obra, debía entrevistar a Cabero sobre la toma de decisiones. El día antes de la entrevista no había leído aún su libro ni me daba tiempo a hacerlo, así que quise documentarme sobre el tema. Visioné una fantástica entrevista que encontré en Internet del gran divulgador científico Eduard Punset con el neurocientífico alemán Gerd Gigerenzer en el programa Redes de TVE. El reconocido psicólogo alemán, director del Instituto de Max Planck para el Desarrollo Humano de Berlín, ha demostrado que la intuición puede ser más efectiva que los modelos de elección racional. En la entrevista, que puedes encontrar fácilmente googleando, Gigerenzer explica a Punset que las personas tomamos mejores decisiones si tenemos en cuenta una buena razón que una lista de diez razones. Gigerenzer es pionero en atribuir al inconsciente y a la intuición un papel esencial en la toma de decisiones. La entrevista de estos dos maestros me aportó buena información para abordar la conversación con Cabero y además me permitió descubrir que en esa decisión importante de mi vida, la de emprender, bastó una sola razón: lo quería probar, y punto. No elaboré una lista de razones, ni siquiera una lista de pros y contras. Según Gigerenzer, parece que lo hice bien: una sola razón es suficiente.

¿Qué papel le otorgas a la intuición en tu toma de decisiones? ¿Haces listas de razones con pros y contras para decidir algo cuando no estás seguro?

Mi decisión al emprender fue inconsciente. Elegí ese camino sin tener elaborada una lista de razones. Me consuela saber que los científicos han llegado ahora a la conclusión de que la intuición no es irracional.

Lo que nos descubre la conversación de Punset con Gigerenzer es el método conocido como *heurística,* que consiste en el uso de reglas sencillas para la toma de decisiones complejas. Me gusta especialmente el ejemplo que utilizan en la entrevista para explicar cómo decidimos algo tan importante en nuestras vidas como es la persona de la que nos enamoramos. Nos dicen Punset y Gigerenzer que nos enamoramos de forma totalmente inconsciente, por intuición; nadie hace una lista con las razones por las que elige a su amado o amada. Y, si la haces, esa relación con bastante probabilidad fracasará.

Reflexionar sobre cómo de acertadas han sido nuestras decisiones en la vida me ha llevado a pensar qué hubiera sido de mi trayectoria profesional si no hubiera decidido emprender joven, pues lo hice con 27 años. Y la frase de Cabero «La intuición está estrechamente vinculada a toda la experiencia acumulada» me alerta porque a esa edad casi nadie atesora la suficiente experiencia como salvavidas de la intuición. Es decir, que mis probabilidades de fracaso, como las de cualquiera que emprende por primera vez y lo hace joven, sin acumular experiencia, eran relativamente altas.

2. El esfuerzo emprendedor, la autoexigencia personal y sus riesgos

Utilizo mi experiencia como emprendedora a lo largo del libro porque es gracias a ella por lo que estoy escribiéndolo. Yo nunca leí una obra de emprendimiento. Me parecieron siempre alejadas de mi realidad, a veces con mensajes hasta agoreros: que si ojo con los socios, que si más de la mitad de las empresas mueren antes de los cinco años de vida, que solamente una de cada diez *start-ups* sobreviven al tercer año... No quiero decir con esto que no existan buenos libros para emprendedores, pero a mí, siéndolo, nunca me sedujo su lectura. Detrás de cada negocio hay personalidades diferentes, con necesidades, inquietudes y sueños tan diversos que creo que lo que sirve para un negocio y para un individuo puede no hacerlo en absoluto para otro.

Desde hace algo más de veinte años me gano la vida haciendo lo que quiero, sin jefes, inversores ni rondas de financiación; simplemente con mucha ilusión y no menos incertidumbre. En los últimos 22 años, nadie me pagó una nómina, me la autopagué siempre, la mía y la de mi equipo, sin interrupciones, a pesar de las crisis, que las ha habido. Como tantas personas al frente de pymes, he tenido fracasos y aciertos, pero aquí sigo, intentando liderar bien y comunicar mejor, lo que no es tarea fácil en esta sociedad de la inmediatez, las prisas y los resultados.

Tenía 27 años cuando me convertí en accionista de una empresa. Hacía bien poco que había acabado la carrera universitaria en Barcelona y apenas había trabajado algunos años como periodista en diferentes medios de comunicación. En aquel momento no se conocían el emprendimiento tecnológico ni lo que era el ecosistema de *start-ups*, que nos hubiera sonado entonces a chino. Sí existía Barcelona Activa, que daba apoyo a emprendedores y con la que hice el primer plan de negocio. En aquellos tiempos, con mi edad y mis estudios, licenciatura en Comunicación Audiovisual y máster en Comunicación Corporativa, a pocos jóvenes se les ocurría emprender, a diferencia del momento actual, en el que el número de periodistas que trabajan por cuenta propia aumenta cada año, pues cuatro de cada diez se ven forzados a autoemplearse.

Vivíamos entonces el superbum de la televisión de pago y nacían los canales temáticos. La mía era la primera promoción de una nueva licenciatura: Comunicación Audiovisual. Buena parte de mis colegas de facultad, terminada la carrera, encontraron trabajo en emisoras de radio, televisión y productoras audiovisuales. Yo había tenido la oportunidad de iniciarme con unas prácticas como becaria en TV3 y de trabajar después en Cadena COPE Cataluña. También había curioseado en el mundo de las revistas especializadas y en una productora de cine. Sin demasiada estrategia, me encontré un día en un notario con tres amigos para formalizar la creación de una empresa.

Lo que no sabía es que cualquier reto tiende a multiplicarse, y eso es lo que sucedió. La cita en el notario para firmar la sociedad limitada fue en enero y a los tres meses, en abril, me enteré de que estaba embarazada. El padre sería uno de los tres amigos con los que había ido al notario, que por entonces era mi novio. En poco tiempo vi nacer dos criaturas a la vez, mi primera hija y mi primer negocio, dos experiencias intensas. En el primero de los casos es bien sabido cómo los hijos cambian la vida; en el segundo, no era tan consciente en aquel momento de cómo la acción de emprender iba a cambiarlo todo.

No existe dato fiable que vincule emprendimiento con fertilidad, pero tengo claro que la locura de emprender un negocio siendo mujer y algo desordenada tiene sus riesgos, entre ellos no prestar atención a algunas cuestiones personales e íntimas. Recuerdo que estaba tan absorbida por la compañía en sus primeros meses de vida que fui al ginecólogo pensando que tenía un mioma en el útero, y no era la primera vez que sucedía. El doctor Manuel García-Valdecasas, entonces conocido como el ginecólogo de la infanta Cristina (igual que no existía el verbo *emprender*, tampoco en esa época conocíamos el escándalo Urdangarín), me dijo sonriendo: «Pues va a ser un mioma con vida, porque estás embarazada», y añadió con estas palabras exactas, que son de las que no se olvidan jamás: «Como estás embarazada de casi tres meses, vas a escuchar cómo late su corazón. Puedes ir buscando nombre al mioma», dijo sonriendo, y te puedes imaginar cómo latía el falso mioma que llevaría después el nombre de Carmen.

Aquel fue mi primer aprendizaje como emprendedora y líder de mi propia vida y de la que venía en camino. Aquello sería el gran reto en mi carrera, y estoy convencida de que es el reto de tantas mujeres y también de tantos hombres impacientes o con iniciativa: lograr tus metas profesionales sin olvidarte de lo importante, mantener tu impulso e iniciativa profesional, perseguir tu sueño, al mismo tiempo que intentas que tus circunstancias no te limiten y mides bien los riesgos en lo personal.

He visto crecer desde entonces en paralelo a mi empresa y a mis hijas, y lo he hecho como otras mujeres, con una pareja completamente implicada y con unos padres ejerciendo de abuelos con total disponibilidad. Utilizando ese fantástico verbo que es *crecer*, que tanto tiene que ver con emprender y con la vida misma, en la que vamos irremediablemente cumpliendo años, me viene a la mente Xavier Marcet, en mi opinión uno de los mejores pensadores sobre liderazgo y empresa en nuestro país.

Marcet en su libro *Crecer haciendo crecer* nos dice que lo esencial para hacer crecer un negocio es hacer crecer a tu equipo, a tus clientes, a tus inversores y a la sociedad. Se trata de una obra necesaria para todo profesional que quiera ser un mejor líder. Es difícil elegir entre las mejores frases de Marcet, pues sus libros y artículos de opinión contienen cientos de sentencias buenísimas. Me interesa aquí este fragmento:

«... se calcula que hacia 2027-2030 por primera vez en muchos países de la OCDE habrá más personas trabajando por su cuenta que por cuenta ajena en empresas, administraciones, universidades u hospitales. El futuro no se construye desde la queja sistemática, sino desde el esfuerzo emprendedor y la autoexigencia personal. Necesitamos más respeto por los que arriesgan en sus proyectos, arriesgan de sus bolsillos o arriesgan sus trayectorias. Necesitamos una sociedad que respete más a los que arriesgan y que ignore mucho más a los mediocres que solamente saben quejarse y bloquear».

El caso es que Marcet me invitó a participar en la presentación de su exitoso libro *Crecer haciendo crecer*. Cuando vi mi nombre en el cartel de la presentación, pensé: «¿Qué hago yo, una pequeña empresaria, al lado de los máximos responsables de compañías que facturan miles de millones de euros, como el CEO de Ilunion o el presidente de Renfe?». Entendí entonces la coherencia de su texto. Esos verdaderos respeto y reconocimiento por parte de los que emprenden, del que habla el autor en ese párrafo, los demostró invitándome a participar como ponente en el acto de presentación de su libro en la escuela de negocios EOI. Gran cualidad del líder, la coherencia entre lo que dices y lo que haces. ¡Felicidades y gracias, Xavier!

Vuelvo a ese fantástico verbo: *crecer*. Estoy segura de que Marcet me permitirá apuntar que, cuando estamos tan pendientes de hacer crecer todo lo que rodea nuestro negocio con esa idea de servicio a los demás, al equipo, a los clientes, etc., corremos el riesgo de hacer crecer a algunos y hacer sufrir a otros, precisamente a los que más queremos.

A menudo priorizamos tanto la búsqueda de lo que hemos entendido como éxito que andamos despistados con lo que ocurre en nuestra casa o en nuestro propio cuerpo. Tan despistada estaba que no detecté un embarazo de tres meses. Y no me importa contarte esta intimidad porque creo que resulta reveladora de cómo a veces perdemos el rumbo en busca del éxito, que no es otra cosa que el deseo del reconocimiento profesional.

La idea de éxito en la vida, que tantas veces vinculamos con lo material, el dinero y lo estrictamente profesional, puede causarnos una cierta y preocupante ceguera en lo personal.

Las cosas más importantes se nos pueden pasar por alto cuando estamos tan sumergidos en nuestros proyectos profesionales. Esa fue mi primera lección en el camino de mi desarrollo profesional. Iba a ser tan conveniente como difícil cuidar bien a las dos criaturas: mi negocio y mi primera hija. Fueron años que sucedieron entre clientes exigentes y sacaleches manuales en la oficina.

Hoy el mioma Carmen ha crecido considerablemente, tiene 21 años y por su culpa escribo *Por qué lo llaman liderazgo cuando quieren decir comunicación* con ilusión, pero también con cierto temor. Desde hace un tiempo propuse a mi hija trabajar en los eventos de liderazgo que organizamos. Lo hace ayudando en las tareas de producción. Me pareció que le podía resultar útil para su futuro tener acceso a contenidos sobre liderazgo y ella, que es curiosa, aceptó. Un día, cuando ya había trabajado en unos cuantos encuentros, le pregunté qué le parecían estos eventos que organizábamos, y me respondió con franqueza: «Están bien, pero ¿no crees, mamá, que hay mucho predicador en esto del liderazgo?». Me dejó sin palabras. Así que tengo puesta toda mi atención en que el libro no se parezca nada a un sermón ni yo desarrolle atisbo alguno de predicadora.

En muchas ocasiones, cuando se debate sobre temas que tienen que ver con el éxito profesional, algunos expertos opinan que es muy arriesgado extender la idea de que cualquiera puede conseguirlo. Parecen peligrosas frases como «Si quieres, puedes», «Creer es poder», etc. Sin embargo, estoy convencida de que, si tienes un espíritu de emprendedor vital y desarrollas las habilidades del liderazgo bombón, puedes conseguir lo que parece imposible. Y no es necesario que se trate de montar un negocio.

Lo he vivido en casa: mi padre, extremeño, un hombre de campo, abandonó la escuela a los 14 años. Como tantos otros inmigrantes, llegó a Barcelona con poco más que una maleta, que aún conservo, con sus iniciales. En su equipaje llevaba la necesidad de ganarse la vida y el sueño de progresar. Se forjó una profesión desde cero, la de gruista. Solo su actitud emprendedora y su trabajo hicieron posible que llegara a ser el responsable de la gran grúa que se instaló en la Torre de Collserola con motivo de la celebración de los Juegos Olímpicos de Barcelona. Se trata de la obra de infraestructura más alta de Cataluña y la segunda de España. Le fueron bien las cosas. Durante los últimos diez años de su vida laboral, vivió cómodamente de las rentas que le proporcionaban los alquileres de sus grúas torre en propiedad. Mi padre fue un emprendedor vital, mi absoluto referente. Todo lo consiguió desde cero. A él le dedico estas páginas.

Si hay un lema que todo emprendedor y líder debe tener interiorizado, es que hoy las cosas van bien y mañana pueden ir mal o muy mal. Esa fue la gran lección de liderazgo que aprendí de mi padre, a quien vi sufrir la gran crisis de la construcción en 1992. No olvides nunca de dónde vienes, pero no en forma de dicho facilón; hay que recordarlo a diario, y eso es lo difícil. Nos conviene a todos desarrollar ese espíritu de humilde superviviente y soñador que al mismo tiempo tiene los pies en la tierra.

La mía, como la de la mayoría de las personas que han creado una empresa, es una historia corriente. Los datos dicen que más del 50 % de los emprendedores en España montan más de una sociedad. Hace cinco años, siendo socia de mi pequeña compañía, recaí en la dulce trampa y volví al notario. Esta vez con más experiencia, con 45 años en lugar de 27, una mayor red de contactos y la satisfacción de poder aunar mi propósito personal con el profesional, algo que, cuando emprendes muy joven, me parece bastante difícil. He logrado a través de este segundo emprendimiento poner a disposición de las empresas mi experiencia como empresaria y comunicadora para contribuir al desarrollo profesional de otras mujeres.

Yo no estaba preparada en la primera aventura para reflexionar sobre la idea de propósito vital. No me imagino en 2002, cuando monté la primera empresa, reflexionando sobre unir propósito personal y propósito de compañía. Entonces simplemente quería ganar *pasta* por cuenta propia, y tuve la suerte de tener unos amigos y socios que confiaron en mí. Gracias, José María Peiró, Germán de Soler, Fabio

Hernández (DEP) y después Jordi Montserrat por acompañarme en aquella primera etapa de atrevimiento. Más allá de la diferencia que puede suponer emprender de joven o hacerlo en la madurez, lo que me interesa contarte es que esta segunda empresa nació gracias a una buena conversación con una mujer a la que aprecio y de la que he aprendido en los últimos años, Mercè Brey, experta en liderazgo y diversidad. Este es un aprendizaje que como empresaria me llegó pronto: las conversaciones que mantenemos pueden abrirnos caminos e incluso cambiar el rumbo de nuestra vida. Por ese motivo dedico un capítulo del libro a la conversación como oportunidad.

3. El poder de la conversación y la seducción en el emprendimiento para generar oportunidades

Nuestra forma de conectar, conversar y comunicarnos con nosotros y con los demás es clave para lograr nuestros objetivos.

Gran parte de las cosas que he disfrutado y conseguido a lo largo de estos años han tenido como base una buena conversación. ¿Y sabes qué hacemos todas las personas en nuestras conversaciones? Seducir. En lo más profundo de nuestras relaciones existe la necesidad de expresar nuestras ideas, de que se tenga en cuenta nuestra opinión, de gustar a los demás. Seducir es vender. Da igual que vendas chupetes, tornillos, ideas o servicios o que no vendas nada, en cuyo caso tú eres el producto. Casi todo lo que he aprendido en estos años ha sido vendiendo; por eso también dedico un capítulo del libro —aquí vendemos todos— a esa otra bombón *skill* que es nuestra actitud comercial.

> Las conversaciones que mantenemos son herramientas que todos tenemos para cambiar nuestra realidad.

Espero que el maestro Marcet esté de acuerdo conmigo en que, además de una sociedad que respete el espíritu emprendedor, también necesitamos que admire, respete y valore más a las personas que saben vender y venden bien. Los negocios sobreviven gracias a los que venden productos o servicios.

Todos deberíamos ser emprendedores de espíritu, seductores en actitud y comunicadores por convicción. Comunicar y vender son las dos cosas que no he dejado de hacer ni un solo día en estos años.

Empezábamos este capítulo con la intuición en la toma de decisiones como protagonista y acabamos con la seducción necesaria para venderse bien y vender. La intuición y la seducción guían el destino de nuestras vidas. Este ha sido para mí durante mucho tiempo un aprendizaje invisible. Tan invisible como poderoso.

El Campari nos ha dado bastante juego; apenas queda el hielo. Ahora ya sabes bastante más de mí y ojalá te apetezca seguir con nuestra cita.

2
Liderar es emprender; somos lo que queremos ser

«Mira de cerca el presente que estás construyendo
porque debe parecerse
y acercarte al futuro con el que sueñas».

Alice Walker

Las personas somos fruto de nuestras ilusiones, somos lo que queremos ser. Esta es una de las enseñanzas que nos ha dejado la filosofía clásica a través de Aristóteles. Este pensamiento nos plantea que la distancia entre lo que somos actualmente y lo que queremos ser está en lo que hacemos, en lo que emprendemos día a día. Si, como decía Aristóteles, somos lo que queremos ser y lo que hacemos, resultaría que nuestras acciones, lo que emprendemos a diario, nos configuran y definen nuestro futuro.

Emprender. Ojalá pudiéramos reinterpretar algunas palabras. A veces de tanto usarlas pierden su significado más auténtico, las vaciamos de su sentido original o reducimos su alcance. Yo siento que eso ha sucedido con el verbo *emprender*. Si fuera posible, resucitaría este enorme vocablo. Fantaseo con la idea de que todas las personas se sientan emprendedoras. En esencia, todos los individuos lo somos.

Emprender procede del latín vulgar *in*, 'en', y *prendere*, 'coger, atrapar, tomar'. Desde su origen la palabra *emprender* se ha relacionado con atrapar oportunidades.

La RAE nos dice que *emprender* es «iniciar con decisión y compromiso una tarea, dirección, proyecto, asumiendo los retos que ello implica». Sinónimos aceptados de *emprender* son *abordar, comenzar, empezar, lanzarse, embarcarse* y *acometer*.

Todos de algún modo y a lo largo de nuestra vida vamos abordando, comenzando, acometiendo retos y tareas. Estamos continuamente emprendiendo. Te decía en la introducción que liderar nuestra propia vida es emprender. Cada persona debería pensar en sí misma y a diario como si fuera emprendedora de su vida, su mejor empresa. Emprender te obliga a liderar y a hacerlo bien. Podemos hacer con nuestra vida un camino en el que vamos atrapando oportunidades o un camino de simples sucesos. Tú eliges lo que quieres para ti.

En los últimos años hemos asociado la idea de emprendimiento y éxito al triunfo de famosos emprendedores como Steve Jobs o Elon Musk. Son casos que están lejos de la realidad e incluso de las expectativas de la mayoría de nosotros.

Sin embargo, hay datos que nos conciernen a todos: en los próximos tres años, cuatro de cada diez personas vamos a pasar por un momento de cambio profesional o vital.

Emprender, liderar nuestros retos, consiste en tener iniciativa, pensar en el futuro y atreverse. Pero emprender y liderar esos retos también es obsesión, caos y fracaso, tres elementos que, a pesar de sus connotaciones negativas, todos deberíamos, en cierta medida, experimentar. Defiendo la necesidad de vivir con cierta obsesión, algo de caos y fracaso, y te contaré el porqué. Empezaré por el principio y por lo que suena mejor.

Emprender, como liderar, es:

- Tener iniciativa.
- Pensar en el futuro.
- Atreverse.

1. Tener iniciativa

Lo que cada una de las personas logramos a lo largo de nuestra vida depende de nuestra iniciativa.

Esas personas que ponen la energía justa son normalmente las que están esperando que otros tomen la iniciativa: el jefe, el compañero de trabajo, la pareja, etc., porque en realidad no quieren asumir riesgos, no se atreven a pasar a la acción. Sin duda, no atreverse es más cómodo. Tener iniciativa para mí está relacionado con esa energía: si es la máxima o es la justa. La cuestión es cómo te sitúas y cómo actúas ante los riesgos de tu tarea, de tu proyecto. Se requiere cierto inconformismo para tener iniciativa. Las personas con iniciativa son inconformistas.

Hay personas que ponen el máximo de ganas y energía en lo que hacen y otras que ponen la energía justa; eso es lo que marca la diferencia.

¿Estás poniendo la máxima energía en lo que haces o le dedicas la energía justa? ¿Te conformas con lo que eres hoy?

Cuando decimos de una persona que tiene iniciativa, estamos poniendo en valor esa actitud de tomar riesgos, de hacer que las cosas pasen. Tener iniciativa está vinculado a la automotivación interna de cada uno de nosotros. De pequeña, cuando discutía con mi madre, recuerdo que, en el momento más acalorado de la discusión, solía decirme: «¡Niña, qué coraje tienes!».

Se refería mi madre con esa expresión a uno de los significados de la palabra *coraje*: «rabia, furia, enojo». Parece que fui una niña contestona, como ella suele decir, así que discutíamos a menudo. Lo seguimos haciendo, cosa que es muy positiva, lo que quiere decir que todavía la puedo disfrutar incluso con energía para discutir. Si discutes con tu madre, ¡felicidades! Es una suerte poder hacerlo.

La lengua castellana es tan sumamente rica que *coraje* tiene también un segundo significado: «valentía, arrojo, valor, decisión, esfuerzo». Este segundo significado hace referencia a esa iniciativa interna. El coraje, la automotivación, es lo que identifica a las personas cuando decimos que tienen iniciativa.

Todos sabemos identificar a nuestro alrededor a las personas con iniciativa. Somos capaces de detectar cuándo nosotros mismos o alguien de nuestro equipo estamos poniendo toda nuestra energía o únicamente la justa en la tarea. La buena noticia es que podemos activar ese coraje para poner la energía máxima. El coraje no es más que la valentía que nos lleva a la acción. El inconformismo, como la impaciencia del alma, es la virtud que nos acciona. De hecho, inconformismo y emprendimiento habitualmente van de la mano.

Las empresas necesitan sobre todo a personas inconformistas, con iniciativa y que asuman riesgos. No olvidemos que las organizaciones no consiguen buenos resultados; son las personas con iniciativa quienes hacen que las compañías obtengan buenos resultados. En el entorno laboral, algunas personas esperan a que otros tomen la iniciativa y es frecuente no querer asumir los riesgos que supone tomarla. A menudo en las empresas el acomodamiento acaba matando la iniciativa. Cuando matamos ese motor interno, estamos anulando la posibilidad de conseguir buenos resultados. Lo he comprobado en mi propia compañía: un proyecto que en un momento dado va bien, liderado por una persona con la iniciativa agotada, acaba influyendo negativamente en el resultado. Las personas empleadas por cuenta ajena que tienen iniciativa no se acomodan, piden un cambio de posición, piensan en cómo mejorar su trabajo diario y, si no están a gusto, persiguen una oportunidad fuera. Esto no va de que el empresario o el jefe tomen siempre la iniciativa, sino de integridad personal, de invertir en ti. Tomar la iniciativa es respetarse a uno mismo para avanzar, tomar las riendas de tu vida para hacer que las cosas pasen. Lo que hoy necesitan las empresas es que todas las personas sean líderes, como es el emprendedor con esa autoexigencia que caracteriza a quien se embarca en un negocio.

Hace años que algunas organizaciones hacen esfuerzos para desarrollar lo que se denomina *intraemprendimiento*. No es fácil, pero sería posible si entendemos que emprender es en realidad una responsabilidad individual. No debería importar si estás trabajando por cuenta propia o ajena. Por supuesto que las compañías deberán crear las condiciones para que esa iniciativa se desarrolle, que es la otra cara de la moneda del intraemprendimiento. De poco sirve que las personas tengan espíritu emprendedor si las empresas tienen protocolos que matan la iniciativa.

Emprender tiene que ver con una actitud, va más allá de la inversión.

¿Sabes cuál es el principal desafío hoy para cualquier directivo? No es la inteligencia artificial ni la sostenibilidad, que por supuesto constituyen retos; el gran reto para cualquier persona que gestiona y toma decisiones en un negocio es que su equipo la siga con la misma energía e igual compromiso que ella pone en su trabajo; el reto es despertar esa actitud emprendedora que hace que los negocios despeguen.

Me lo explicó con su desparpajo natural el empresario jamonero Enrique Tomás, ese tendero que empezó de niño ayudando a sus padres en un humilde puesto de charcutería en el mercado de Badalona y hoy está presente en medio mundo con más de 120 tiendas y empleando a más de mil doscientas personas. Probablemente te habrás comido algún bocata de jamón de Enrique Tomás. Lo invité a un evento para hablar de liderazgo. Nos conocíamos desde hacía un tiempo. Llegó con camisa y americana. Charlamos un rato mientras los invitados llegaban, nos hicimos algunas fotos y me mostró sus amuletos: sus bolsillos iban cargados de piedras y objetos con significado. Antes de empezar el evento, me dijo que iba al baño a cambiarse, y salió para la entrevista con un polo negro o, si te gusta más esa bonita palabra aceptada por la RAE, *niqui*. En la parte izquierda de esta prenda había un logo que parecía el de la NASA, pues su sueño es llevar el jamón al espacio, y en la parte derecha, una identificación corporativa bordada: «Yo soy Enrique Tomás». Durante la entrevista le pregunté lo que le había resultado más difícil como empresario. Pensé que haría referencia a su expansión internacional y al reto de vender jamón en mercados y países sin nuestra cultura gastronómica. Estaba equivocada. Me dijo mientras se señalaba el logo de su empresa, que en su caso coincide con su propio nombre:

«Lo más difícil es que tu equipo, cada una de las personas que componen tu empresa, sienta la camiseta como suya; ese es el verdadero reto».

«Hay que conseguir como sea que las personas de tu equipo tengan tus mismas ganas, tu energía, tus fuerzas; no tu forma de ser, pero sí tu actitud. ¡Que te sigan! Que todos sean Enrique Tomás, que en mi caso, además, es complejo porque es una identificación con el nombre del jefe!».

De otro modo, pero con la misma referencia a esa actitud que hoy buscan las empresas, me lo explicó David Boronat, empresario a quien admiro que emprendió con 25 años fundando la agencia digital Multiplica, presente en varios países. En una entrevista le pregunté sobre la clave de su expansión y lo que consideraba más difícil al mando de una empresa. Esto es lo que me respondió: «El reto es conseguir que todas las personas de la compañía sean CEO. Va a existir una diferencia entre las empresas que lo logren y las que no. Si somos capaces de conseguir que nuestros equipos, cada una de las personas que forman la compañía, tengan el espíritu de CEO, el mundo es nuestro».

No se refiere Boronat a lograr que todas las personas hagan lo que hace el CEO, máximo responsable de la compañía, ni por supuesto a que asuman su responsabilidad y riesgo, pero sí a que desarrollen su actitud, su iniciativa; a que alcancen su mejor versión, para ellos y para el negocio.

Los máximos directivos de las empresas tenemos la obligación de favorecer el contexto para que eso pueda ocurrir, para que las personas puedan desarrollar esa tan necesaria iniciativa. Del mismo modo, las personas tenemos la responsabilidad de perseguir nuestra mejora allá donde decidamos estar, en nuestro propio negocio o en el de otro. Que no sea nuestro negocio no debería mermar ninguna de nuestras habilidades para lograr desplegar todo nuestro talento.

En el pueblo de la costa barcelonesa en el que he veraneado desde mi infancia, Cubelles, hay un establecimiento emblemático, una bodega. Se la conoce por el nombre de su propietario como Celler d'en Carlos. Un día, charlando con él, que es un tipo especial y que sabe que tengo una empresa, me dijo una frase que me impactó: «Si no treballes pels teus somnis, algú et llogarà perque treballis pels seus» («Si no trabajas por tus sueños, alguien te alquilará para que trabajes por los suyos»).

Entiendo lo que él quería trasladarme; sin embargo, la cita obvia algo que me parece remarcable. En realidad, todos tenemos el sueño de trabajar en algo que nos guste y de sentir que ese trabajo merece la pena por la recompensa (económica y no económica) que percibimos. Ese es un objetivo que podemos conseguir de cualquier modo, no es necesario tener un negocio propio. Conozco a personas muy felices que han perseguido su sueño sin montar su propia empresa y ganándose muy bien la vida porque se comprometieron con alcanzar su mayor rendimiento, y lo hicieron en un negocio que no les pertenecía.

La necesidad de despertar esa mentalidad de *dueño* es hoy el mayor reto de las empresas y del liderazgo. Así lo cree también Salvador Alva, expresidente de Pepsico Latinoamérica. Tuve ocasión de conversar con este empresario mexicano y gran visionario gracias al algoritmo de Instagram. Las sugerencias de la red me mostraron una imagen de la portada de un libro titulado *Lo que un líder no debe delegar*. Me pareció sugerente y pregunté por el autor. Supe por la editorial que viajaría a España para dar algunas charlas en diferentes universidades y solicité entrevistarle en las fechas en las que estaría en nuestro país. Es así como tuve la oportunidad de conocerlo y de aprender de toda una trayectoria dedicada especialmente a desarrollar talento en las diferentes organizaciones que ha conseguido transformar y llevar a altos niveles de rendimiento. Salí de aquella conversación, que duró poco más de una hora, con una larga lista de ideas. Alva me pareció más un hombre de ideas que de negocios. Comparto esto que me dijo y que tiene que ver con esa necesidad de despertar la iniciativa de las personas: «Las empresas habitualmente hacen sus planes anuales y, si se cumplen determinados objetivos, los empleados cobran sus bonos. Eso de algún modo es limitar las posibilidades de las personas. Debemos cambiar la palabra *empleados* por *emprendedores*. Solo con mentalidad de dueño se llega a metas que superan incluso esos planes anuales. Habrá que hacer planes anuales, pero solo cuando desarrollamos la mentalidad de *dueño* conseguimos que la persona y la empresa lleguen más lejos».

Esta reflexión transgresora que *a priori* puede parecer de difícil aplicación conecta con una de las mejores definiciones de lo que significa ser líder y que su libro contiene: «Un líder hace de la gente ordinaria gente extraordinaria. Un verdadero líder hace llegar a las personas donde no se atreverían solas». Resumiendo mucho, esta última frase sería para mí la definición de lo que significa liderar bien.

No es esencial la propiedad; lo que importa es la búsqueda de la excelencia en lo que haces.

Si estamos de acuerdo en que emprender es una actitud vital que nos pertenece a todas las personas, ¿cómo podemos fomentarla? A través de nuestros pensamientos. La actitud para emprender y liderar cualquier reto viene provocada por nuestros propios pensamientos. Y uno de los principales pensamientos para liderarnos bien y provocar esa actitud emprendedora consiste en pensar en el futuro, en anticiparlo.

¿Sabes dónde te gustaría estar dentro de cinco años? ¿Estás haciendo en el presente cosas para lograr el futuro que deseas?

2. Pensar en el futuro

Entre todas esas ideas que recopilé de la conversación con Alva, quien, además de expresidente de Pepsico ha sido también presidente del Tecnológico de Monterrey, la universidad privada número 1 en México, hubo una que tiene que ver con pensar en el futuro que me dejó inicialmente aterrada: ¿qué pasa si mañana te atropella un camión? ¿Tienes en tu empresa como mínimo a dos personas que podrían realizar tu trabajo? «El líder que no tiene dentro de su organización a dos o tres reemplazos potenciales para su puesto no está desarrollando talento». Esto escribió el autor en su libro, y me lo contó con detalle en nuestra conversación.

Sabemos que pensar en el futuro es la principal obligación de cualquier persona que dirige un negocio. Los empresarios y directivos necesitamos gestionar el presente mientras imaginamos la compañía que deseamos para el futuro. Esta supone la principal responsabilidad, y me atrevo a decir que también la mayor dificultad, de los pequeños y medianos empresarios. En las pymes la urgencia del corto plazo y las características propias de los negocios personalizados a menudo no nos permiten a los fundadores pensar tanto en el futuro como deberíamos. Uno de los mayores errores que he cometido en mi experiencia como empresaria es no estar el suficiente tiempo pensando en el futuro. Incluso actualmente se trata de un tema que me alerta. Las consecuencias de no anticiparse al futuro pueden ser tremendas. Los negocios precisan evolucionar, y la inercia en muchos casos tiene un recorrido bastante limitado.

En la gran mayoría de las pymes en nuestro país, la locomotora, ese motor que hace que la cosa funcione, es su fundador (o fundadores), que está al frente del negocio. Se trata de profesionales que suelen ser el director de personal, el director financiero, el director comercial y el director general, todo a la vez.

Detrás de un 99.88 % de las empresas (es el porcentaje que representan las pymes del total del tejido productivo español), hay un malabarista. En mi opinión, y quizás esté feo que lo escriba yo, pues pertenezco al grupo, todos esos malabaristas merecemos un homenaje porque generamos el 65 % del PIB de nuestro país y más del 75 % de los puestos de trabajo. Me refiero a las pymes tal y como las define la Unión Europea (UE), compañías con menos de 250 trabajadores y cuyo volumen de negocio no excede los 50 millones de euros. Lo que ocurre en España es que el volumen de las pymes es más de pequeña empresa (menos de cincuenta empleados) y de microempresa (menos de diez empleados) que de mediana empresa, lo que nos sitúa en desventaja en algunas cuestiones respecto a otros países de la UE.

Conozco a empresarios de pequeños negocios a los que les resulta muy difícil enfrentarse a la pregunta: ¿cómo ves tu negocio en el futuro?, porque les obsesiona el día a día; se pasan el día haciendo malabares. Los pequeños empresarios necesitamos estar más tiempo pensando en el futuro.

Sin embargo, pensar en el futuro no es solo obligación de quien dirige una compañía; cualquier persona debe dedicar tiempo a pensar en el futuro. Lo explica bien Miquel Lladó, gran experto en estrategia y ex-CEO de la compañía Bimbo, en su libro *Enamorarse del futuro*: «La clave de la estrategia vital es que después de años trabajando, al final te sientas satisfecho de dónde has llegado y no darte cuenta de que has estado dando tumbos».

Las personas, seamos líderes o no, tengamos empresa o trabajemos por cuenta ajena, debemos pensar en el futuro si queremos llegar al lugar que hemos deseado.

Leí el libro de Lladó aislada durante una cuarentena por la COVID-19 en la primera etapa de la pandemia. Estarás conmigo en que era francamente difícil en aquel momento ser positivo sobre el futuro con el aluvión de noticias desesperanzadoras que nos llegaban de todos los rincones del mundo. A pesar de aquella dramática circunstancia que entonces atravesaba la humanidad, el autor me atrapó con su lema: «... esto va de enamorarse del futuro, de apetecerte ese futuro, que es donde están las oportunidades... ¿Por qué enamorarse del futuro? Porque todavía no ha pasado para nadie. Estamos en la línea de salida todos al mismo tiempo».

Una persona con iniciativa se enamora de su futuro y pone todas sus energías en perseguirlo, sin excusas ni comparaciones con el resto de mortales —la comparación, maldito hábito de los humanos—.

Me pidió el autor que le acompañase en la presentación de su libro en la Casa del Libro en Barcelona. También en este caso, como en el de Marcet, aquello me pareció un honor. Lladó es ese tipo de personas que no solo consiguen que te enamores del futuro con la lectura de su libro; quienes tenemos la suerte de conocerlo nos enamoramos de su espíritu positivo, su sonrisa y sus ganas de compartir. Recomiendo su obra, y con más razón si te interesan la estrategia y el marketing. Lladó es el culpable de la existencia del pan de molde sin corteza, un producto que salió al mercado mientras él era el máximo responsable de la conocida compañía del osito Bimbo. Después todas las marcas copiarían aquella idea de eliminar la corteza.

La idea de enamorarse del futuro me traslada a una interesante reflexión del filósofo catalán Esquirol, que piensa que en nuestro mundo hay una insistencia excesiva en el futuro; nos gusta pronosticarlo demasiado. De tanto imaginarlo, corremos el riesgo de que el futuro funcione como una especie de ideología que nos evade de la acción más sensata. Es decir, que pensando en el futuro que está por llegar nos podemos instalar en un período de evasión como esperando que el futuro suceda.

Según Esquirol, las personas no construimos el futuro; en realidad construimos el mundo. Somos autores, creadores. A este pensador le gusta la idea de crear mundo más que la de futuro. Puede parecer un matiz, pero me parece interesante considerarlo. Tenemos en nuestras manos el mundo presente y el futuro porque podemos crearlo, como si de una escultura se tratase, ir moldeándolo con estrategia.

¿Te consideras buen estratega? Dependerá de cuánto tiempo estés pensando y diseñando el futuro que deseas.

Hace poco un empresario me dijo que había dejado de ser el CEO de la compañía; ahora ostenta el título en la empresa de CFO (*Chief Future Officer*), el máximo responsable de diseñar el futuro, gran idea.

¿Te imaginas si fueras el CFO de tu vida, el diseñador de tu futuro?

Si fuera así, y respondiendo con sinceridad, ¿te pagarías el sueldo a ti mismo por ese cargo o deberías despedirte?

3. Atreverse

¿Te atreves? ¿A que no te atreves? Cuántas veces en nuestra infancia hemos pronunciado esa frase a nuestros amigos para retarnos. Ese ¿te atreves? muestra las ganas de superarnos, de querer experimentar cosas nuevas. Es sabido que algunos niños se atreven tanto que pueden llegar incluso a ser imprudentes. En la infancia nos pasamos el día atreviéndonos, pero con la edad perdemos la práctica del atrevimiento. Mi propuesta es intentar seguir diciéndonos a nosotros mismos: «¿Te atreves?». No es nada recomendable que a medida que nos hagamos mayores perdamos la práctica de atrevernos.

¿Hay algo en tu vida que no te has atrevido a hacer y te hubiera gustado? Qué difícil resulta a veces atreverse. La principal razón por la que no somos capaces de atrevernos es que nos falta confianza. No existen las hormonas de la confianza. Son el cortisol y la testosterona las que, cuando están balanceadas, definen nuestro atrevimiento. Ese balance basal es el que nos ayuda en la toma de decisiones y nos permite asumir riesgos. Este equilibrio que todas las personas necesitamos de cortisol y testosterona lo aprendí gracias a Rafa Cordón, autor del libro *Biocomunicación*, en el que aúna su experiencia en el ámbito de la biología y la medicina y el mundo de la comunicación. Su texto nos plantea una provocadora cuestión: ¿confías en ti porque te va bien o te va bien porque confías en ti?

Te propongo un pequeño experimento: haz la siguiente pregunta a algunas personas de tu entorno: ¿hay algo a lo que no te atreviste en la vida y te gustaría? No es necesario que te confiesen qué, pero sí que te digan la causa que les impidió atreverse. Casi siempre es el mismo motivo. Son las creencias limitantes las que suelen provocarnos el miedo y consecuentemente nos impiden dar el salto. Todas las personas de mayor edad con las que he practicado este ejercicio me dijeron que con los años se habían dado cuenta de que podrían haberse atrevido, pero no lo hicieron por incertidumbre y miedo a las consecuencias.

Cuando llevaba muy poco tiempo como empresaria, me atreví a editar una revista de prensa especializada, la revista *Expone*, dedicada a la industria de ferias y congresos. Decidí montar un comité de expertos. Yo no había cumplido aún los treinta años y buscaba profesionales de reputada experiencia en la industria del turismo de negocios. Pensé que aquel comité me permitiría tener un mejor criterio para elegir los contenidos de la publicación. Recuerdo que un día le conté la idea a una redactora que entonces trabajaba conmigo. Me miró algo asustada cuando le expliqué que conformaríamos un consejo asesor de expertos. Aquello le pareció un atrevimiento, una osadía por mi parte. Me disgustó su reacción; sentí su escepticismo, ese pensamiento de «¿quién te has creído que eres?». Yo era una simple periodista emprendedora con ganas de hacer cosas, pensando en grande. No me ofendí y seguí adelante con la idea, me atreví. Poco tiempo después ella acabó marchándose de la empresa. Aquel atrevimiento con la creación de un consejo asesor compuesto por reconocidos profesionales de la industria de las ferias y eventos de nuestro país resultó ser un gran acierto. Fue una de las mejores decisiones de mi primera etapa como emprendedora. Incluso me llevó a un reconocimiento por parte de la Asociación de Prensa Profesional (APP), hoy convertida en Asociación CONEQTIA. Recibí el premio a la editora más joven de España en aquel momento. Para mí fue un premio al atrevimiento. La revista ya no existe; se la llevó la crisis de 2007, pero con ella aprendí a atreverme.

Para atreverse hay que creer que es posible. Si no lo crees verdaderamente, no lo intentas y, si no lo intentas, consecuentemente no lo logras, así de sencillo. Atreverse es lo que el filósofo José Antonio Marina denomina *la virtud del despegue*, es decir, ser capaces de despegar de donde estamos. Atreverse no es solo tomar decisiones, sino aceptar primero que puedes salir de donde estás, a pesar del miedo que puedas tener.

Cuando finalmente te atreves, como si se tratara de tirarse al vacío desde cierta altura, te sientes algo más seguro si tienes una red que pueda amortiguar la caída. Y no hablo de una red económica, que en mi caso no tenía. En todo atrevimiento es positivo buscar a personas con conocimientos y energía positiva que te apoyen. Para crear aquel consejo asesor, contacté con diferentes profesionales, a quienes pedí ayuda, sin remuneración. Les expliqué mi proyecto; estaba ilusionada y quizás eso hizo que todos aceptaran mi propuesta. En aquel momento no lo sabían, pero ellos eran una especie de colchoneta en aquel salto de atrevimiento. Con gran parte de estos profesionales, a pesar de que la revista dejó de editarse, he seguido colaborando y manteniendo contacto. Gracias a todos los que formasteis parte de aquella experiencia.

Qué importante es tejer buenas relaciones profesionales que seamos capaces de mantener a lo largo de la vida. Mediante ese cuidado de las relaciones, podemos encontrar solución a muchas situaciones. Es lo que el empresario del jamón Enrique Tomás me contó en aquella entrevista y que él denomina *cadenas de confianza,* que se producen cuando acudes a un amigo o contacto para que te ayude con un tema y él mismo te pone en contacto con otra persona de su círculo que puede resultarte interesante. Para que estas cadenas de confianza funcionen, tenemos que querer compartir a los amigos y los contactos profesionales. A lo largo de estos años he visto a muchas personas celosas de sus amigos. Yo, sin embargo, soy adicta a las cadenas de confianza; disfruto conectando a personas.

Me gusta añadir a las cadenas de confianza lo que denomino *embajadores invisibles*. Me refiero a personas que valoran el atrevimiento y los retos de otros de tal modo que se convierten en sus embajadores invisibles. En este momento en el que el marketing ha otorgado tanto protagonismo a los *influencers* y embajadores de marca con abultadas retribuciones por asociarse a un producto o servicio, me parece un lujo contar con embajadores invisibles. El embajador invisible no es tu *manager*, no cobra comisión ni salario ni tiene interés personal más allá de que te vaya bien. Me declaro embajadora invisible de un montón de personas a las que aprecio. Si estoy en una conversación entre *runners*, les diré a todos que compren dorsales para alguna de las fantásticas carreras que organiza María Wandosell, CEO de Sport Life Ibérica. Si alguien me dice que quiere comprar vivienda en mi pueblo, le diré que tiene que hablar con Olga Zumel, propietaria de Fincas Costa Dorada. Si necesitas una abogada para tu empresa, la mejor sin duda es Nuria Lucaya. Si no te gustan las finanzas pero necesitas quien te las gestionen en tu compañía, te recomendaré hablar con Luis y Borja, de la empresa

Finout, que cambiaron mi vida. Y así podría dar un sinfín de recomendaciones que se van sucediendo en casi todas mis conversaciones. Incluso en ocasiones me he visto en situaciones en las que he sentido la necesidad de aclarar que no cobraba comisión alguna por la recomendación; mi único interés es que les vaya bien a las personas a las que aprecio. Tener en tu vida a embajadores invisibles y al mismo tiempo ser embajador invisible de otras personas es de esas cosas de gran valor y bajo coste.

¿De quién eres embajador invisible? ¿Quiénes crees que son tus embajadores invisibles?

En entornos profesionales, el tan conocido *networking* se ha reducido a ese interés inmediato y comercial que tenemos las personas cuando nos relacionamos. Se trata de una herramienta muy útil para impacientes y, por tanto, resulta fantástica para accionar negocios. Pero no olvidemos el valor que tienen las cadenas de confianza y los embajadores invisibles.

Teorizar sobre la idea de atrevimiento es sencillo; lo difícil es ponerlo en práctica. La última vez que me he dicho a mí misma «¿te atreves?» ha sido para escribir este libro. Quiero compartir el ejercicio que yo he seguido para conseguirlo porque quizás puede ser útil para el reto que tú te propongas.

Posiblemente formes parte de ese grupo de personas afortunadas que alguna vez en su vida ha jugado a ¿Verdad o reto?

Para refrescar la memoria, este juego, también denominado ¿Verdad o atrevimiento?, no requiere demasiado material, pero sí algo de imaginación. Los jugadores deciden si prefieren responder a una pregunta o cumplir un reto. Si decides Verdad, te comprometes a responder con sinceridad a una pregunta y, si prefieres Atrevimiento, se te retará para completar una acción. Si te niegas, deberás pagar un peaje previamente pactado. Las preguntas y los retos serán tan atrevidos o picantes como el grupo haya establecido. Igual ahora sí que te viene a la mente ese juego de ir soltando prendas... Bonita metáfora la de *soltar prendas* para ir respondiendo al ejercicio que te propongo: el hexágono de la determinación.

En el juego original las preguntas podrían ser del tipo: ¿qué te llevarías a una isla desierta? ¿Cuál es el último sueño que has tenido?

¿Qué es lo más vergonzoso que te ha pasado en la vida? Se trata de ese tipo de preguntas más o menos comprometidas. Respecto a los retos, podrían ser del tipo: llama a un familiar para decirle que le quieres, no mires el móvil durante tres horas, dale un beso a la persona de tu equipo que te cae peor, y así, imaginación al poder. Este juego era habitual en mi época adolescente para flirtear un poco y animar cualquier fiesta. Me temo que las nuevas generaciones no necesitan tanto preámbulo, pero eso da para otro libro. Lo que me interesa del juego es que contiene dos elementos clave para tomar decisiones y emprender cualquier reto:

Verdad y atrevimiento. Responder a las preguntas de forma sincera y atreverte; eso es lo que te propongo a continuación.

La ventaja con este ejercicio es que no sentirás vergüenza ante tus amigos. El pudor de ser preguntado y retado ante los demás lo convertiremos aquí en el autoconocimiento y quizás autopudor al responderte tú a tus propias preguntas y medir tu capacidad de atrevimiento.

Yo hice el hexágono de la determinación antes de escribir este texto. Si lo tienes en tus manos, es porque el hexágono funcionó. Después de hacerlo, verbalicé mi reto, lo que resulta buen truco para aumentar el grado de compromiso con tu objetivo. Expliqué en casa y en mi entorno más próximo que quería escribir un libro. Aun así, el proceso no es inmediato; puedes tardar años desde que haces el hexágono hasta que logras tu objetivo. De hecho, te confesaré que, a pesar de ser una impaciente, la primera conversación sobre este libro con mi editor fue en 2019, antes de la pandemia. Todo reto contiene obstáculos: han pasado cinco años desde aquella primera conversación.

Hay mucha bibliografía sobre el concepto de determinación; para hacerlo fácil, podemos definirla como la capacidad para que, pase lo que pase en el camino, decidas ir hacia adelante. La determinación es que, pese a las incidencias, dificultades y desavenencias que puedan aparecer mientras persigues tu objetivo, no te detengas. Por si puede ayudarte a hacer tu hexágono, te cuento, a modo de ejemplo, lo que en su momento yo escribí en mi hexágono de la determinación ante el reto de escribir mi primer libro.

EJERCICIO
Hexágono de la determinación

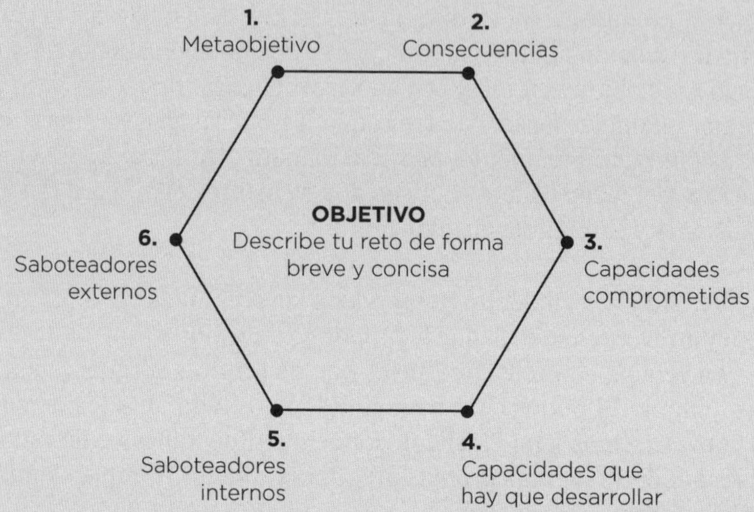

En el centro del hexágono coloca el objetivo, describe tu reto de forma breve y concisa.

Mi caso: Escribir mi primer libro.

1. **Metaobjetivo: reflexiona sobre lo que hay detrás de tu reto. ¿Por qué y para qué quieres conseguirlo? ¿Qué persigues realmente? ¿Hay algo que sea invisible en lo que quieres alcanzar?**

   Mi caso: compartir mi experiencia con otras personas a las que pueda inspirarlas, dejarles algunos aprendizajes de vida a mis hijas, etc.

2. **Consecuencias: ¿estás dispuesto a aceptar las consecuencias del reto? ¿Qué problemas te podrían ocasionar? ¿Estás seguro de que estás preparado para salvar esos obstáculos?** Escribe las consecuencias para valorar si las aceptas. Responde sinceramente sobre tu grado de compromiso en la aceptación de los obstáculos que visualices.

Mi caso: fines de semana escribiendo, compaginar la escritura con dirigir la empresa, renunciar a planes de ocio, hacer públicas cosas de mi vida personal y revelar algunos episodios y pensamientos personales.

3. **Capacidades comprometidas: ¿qué habilidades tienes que te pueden ayudar a conseguir tu reto?**

   Mi caso: soy periodista de formación, por lo que leo y escribo habitualmente.

4. **Capacidades que hay que desarrollar: ¿cuáles son las capacidades que no tienes y deberías desarrollar para perseguir tu reto? ¿Estás dispuesto a dedicar tiempo y energía a aprender lo que sea necesario?**

   Mi caso: no tengo disciplina para escribir un libro, no sé cómo vincular un capítulo con otro y no conozco el proceso de escritura de un libro. Es mi primer libro y me falta método.

5. **Saboteadores internos: ¿qué te puede impedir internamente conseguir el reto? ¿Crees realmente que puedes lograrlo? ¿Confías en que es posible?**

   Mi caso: reflexiones internas negativas como: «Hay muchos libros muy buenos», «No voy a ser capaz de aportar nada nuevo», «Mi historia no interesa», «Al editor no le va a gustar» o «¿Quién soy yo para hablar de éxito?».

6. **Saboteadores externos: ¿qué te puede impedir externamente conseguir el reto? ¿Crees que alguna circunstancia o alguien puede impedir que cumplas tu sueño?**

   Mi caso: afortunadamente, en mi caso no he tenido saboteadores externos, pero podrían ser, por ejemplo, una pareja que no te anime o no te apoye en tu reto o cualquier otro elemento externo que desde fuera te esté paralizando.

Hasta aquí hemos tratado lo que significa tener iniciativa, pensar en el futuro y atreverse, tres capacidades que tienen significado positivo. ¿Son igual de positivos el fracaso, el caos y la obsesión? Me enseñaron que sí el jurista Antonio Garrigues Walker, el actor Antonio Resines y el publicista Luis Bassat.

- Fracaso.
- Caos.
- Obsesión.

4. Fracasos gloriosos

Por culpa de esa idea extendida del emprendimiento entendido a modo de sueño americano, con ausencia de jefes y libertad absoluta, se nos olvida que liderar y emprender también es perder. Se repite a modo de mantra que el fracaso no es malo, pero —seamos sinceros— en nuestro país cuesta interiorizarlo. Todos conocemos múltiples ejemplos de negocios exitosos que fueron inicialmente una ruina y que muchos empresarios triunfaron después de unos cuantos fracasos. También sabemos que en el arte de liderar equipos a veces fracasamos.

Como tantas otras personas que lideran negocios, sé lo que es perder. He ganado algunos años, aunque también he tenido ejercicios con pérdidas económicas. Sin embargo, no quiero referirme únicamente a lo financiero. Cuando tienes una actitud emprendedora, da igual si es tu empresa o no; puedes perder muchas más cosas que dinero: confianza, autoestima o reputación. A veces lo pierdes de verdad y otras solo crees que lo has perdido o tienes miedo a perderlo, pero sufres igualmente.

> Bendita impaciencia la que nos conduce a la acción y bendita oportunidad la de fracasar.

Todos vivimos con la idea de ir cumpliendo nuestras ambiciones. Perder es lo que te sucede cuando tus expectativas no se cumplen, y eso ocurre muy a menudo en la vida y en las empresas. Te pasa más cuando tienes iniciativa, sencillamente porque emprendes más cosas, así que el porcentaje de posibilidades de perder aumenta. Hay que saber perder y aprender perdiendo. Me lo advirtió lúcidamente la persona más longeva a la que he entrevistado en un evento, un hombre a quien admiro y al que estoy muy agradecida por su gran generosidad conmigo y con nuestra comunidad de líderes www.canalceo.com. Me refiero a Antonio Garrigues Walker (Madrid, 1934) presidente de honor del despacho de abogados Garrigues, uno de los juristas españoles de mayor prestigio internacional, asesor de Gobiernos como el de Estados Unidos, Japón y España e inspirador de generaciones de abogados. Una mente brillante a sus noventa y un años.

La primera vez que entrevisté a Garrigues fue con motivo de la publicación de uno de sus libros: *Manual para vivir en la era de la incertidumbre*. Al principio, como tantas personas, yo le llamaba don Antonio, hasta que me solicitó unas cuantas veces sonriendo que, por favor, le tuteara. Le pregunté cómo podíamos los directivos y profesionales en general, en el seno de las organizaciones, mantener una actitud positiva en esta era de la incertidumbre en la que vivimos. Me respondió, como hombre sabio que es, con inteligencia y humildad: «Todos hemos fracasado o vamos a fracasar en algún momento de nuestras vidas. Eliminarle al fracaso su valor regenerador y positivo me parece un gran error. Para mí el fracaso es algo glorioso; yo, cuando hablo de mis fracasos, los califico de *gloriosos*. En ocasiones el éxito genera una estupidez y una euforia difícil de controlar. He conocido a personas exitosas que se vuelven prepotentes y dogmáticas. Entre fracaso y éxito yo elijo fracaso. Yo he fracasado en la política y en muchas otras cosas; no pasa nada, forma parte de la vida y tiene un gran valor, te orienta con claridad».

Yo era una adolescente cuando después de la transición en España, Garrigues Walker y el catalán Miquel Roca intentaron ocupar el espacio de centro político con el Partido Reformista Democrático, con el que obtuvieron un fracaso absoluto, lo que Antonio llama *su glorioso fracaso*. Sin embargo, entre sus múltiples éxitos hay uno evidente: su espléndida longevidad. Me atreví en esa misma entrevista a preguntarle sobre el secreto de ese buen estado físico y mental a su edad. Esto es lo que me respondió Garrigues Walker sobre sus hábitos para una saludable longevidad:

- Consejo 1: «Hace años que en todos los actos, celebraciones y eventos a los que debo acudir, cuando es el momento de almuerzo, comida o cena, como solamente un plato, elijo un primero o un segundo, pero solo un plato; estamos sobrealimentados».
- Consejo 2: «Practico regularmente una actividad creativa, artística. Yo aconsejo a todo el mundo practicar algo que desarrolle sus habilidades en el arte: danza, pintura, tocar un instrumento... lo que sea que ponga el cerebro en modo creativo regularmente». Es sabido que en el caso de Antonio es el teatro.
- Consejo 3: «No dejes de aprender nunca; estudia o aprende algo nuevo, si puede ser que no tenga que ver con tu actividad profesional, que active el aprendizaje en tu cerebro: estudiar una lengua nueva, leer un libro sobre algo desconocido... aprender, en definitiva».
- Consejo 4: «Mantén interés siempre por el sexo opuesto (en mi caso) o en cada caso por el sexo que prefiera. No pierdas nunca ese interés».
- Consejo 5: «No te jubiles nunca. Aunque ya no tengo funciones operativas, voy cada día al despacho, mantengo tareas diarias que atender; no entra en mis planes jubilarme, y no creo que sea una buena idea para nadie. Puedes retirarte de un tipo de tareas, pero la jubilación, como se entiende hoy, es perjudicial para cuerpo y mente».

Estos consejos de Garrigues me parece que contienen buena parte de lo que significa liderarse bien.

Volviendo a la idea de fracaso a la que tanto valor positivo le otorga, la clave es que no hay que temerlo. Dice Santiago Álvarez de Mon, uno de los más prestigiosos docentes de gestión empresarial en nuestro país y autor, entre otros muchos libros, de *Aprendiendo a perder* que, si no estás en paz con la idea de perder, no podrás ganar. Álvarez de Mon ha demostrado en sus diferentes investigaciones sobre el fracaso la importancia de eliminar ese miedo. Utiliza ejemplos sobre el mundo del deporte. En una ocasión, en un evento en el que moderé una mesa redonda donde él participaba, me dijo: «He visto a Rafa Nadal o a Pau Gasol, por poner dos ejemplos de grandes campeones, que ganan la mayoría de las veces porque están en paz con la posibilidad de perder. Sin embargo, hay muchos otros deportistas que tienen un talento descomunal y tantas ganas de ganar que pierden. Esa es la paradoja del fracaso. Cuando no te abruma perder, tienes más posibilidades de ganar».

> ¿A ti te da miedo perder?
> Solo hay dos verdaderos fracasos: cuando pierdes y no te levantas y cuando no lo intentas.

5. El *khaos* tatuado

Otro vocablo al que conviene, como a *fracaso*, eliminarle las connotaciones negativas es *caos*. Llevo tatuado *Khaos*, procedente del griego, en mi muñeca derecha. Cuando lo hice, le mostré el tatuaje a una amiga y se sorprendió; le pareció algo negativo para llevarlo tatuado. Ya sabemos que cada uno se tatúa lo que le define, le divierte o le genera una emoción. Y otros cuantos jamás se tatuarían. Emprender también es caos. A la acción y al espíritu de emprendimiento vital los define cierto caos. El caos desata la toma de decisiones y te impulsa a actuar. En cierto modo libera tu autenticidad. No sé si el actor Antonio Resines se calificaría de *hombre caótico* o no, pero voy a utilizarlo para hablar del caos que caracteriza la actitud creadora y emprendedora.

El binomio cultura y liderazgo han ido siempre de la mano. En las antiguas civilizaciones eran la oratoria, el teatro, la poesía y la arquitectura monumental los que transmitían valores e hitos identitarios y estaban al servicio del líder. Hoy la cultura, a través de las emociones que genera, también está al servicio de las empresas para acometer procesos de transformación cultural.

Bajo esta idea de unir cultura y liderazgo tuve oportunidad de conocer personalmente a Resines. Fue en un acto en una escuela de negocios. Él me ofreció un símil entre el mundo del cine/teatro y la actividad empresarial que me pareció poderoso y reforzó mi idea de cómo es de necesario entender el caos como algo positivo en nuestras vidas: «El rol de un director de cine (como el de un directivo o líder) es crear el caos para expulsar a actores (equipo de colaboradores en una empresa) de la zona de confort. Solo llevándolos a su límite interpretativo (laboral, de desempeño en una empresa) podemos poner orden, innovar y desarrollar la creatividad».

Como en el rodaje de una película, en las compañías necesitamos el caos. Hay personas que no se permiten estar en ningún momento en modo caótico, no dan permiso al caos en sus vidas. Cuando sentimos el caos es porque estamos creando algo nuevo, estamos con una energía desbordante que nos llevará a un nuevo lugar. Soy de las que cree que, si no sentimos ese caos, es muy posible que tampoco tengamos un resultado excepcional. Si no experimentamos el caos de vez en cuando, estamos en rutina. Eso es lo que nos dice Resines que ocurre en los procesos creativos en el teatro y en el cine. El caos puede arrastrarte a situaciones fantásticas.

> Primero necesitamos el caos para luego llegar a un lugar nuevo, inexplorado. Hay que positivizar el caos.

Hace unos años mi hija mayor debía elegir su carrera universitaria. Se había examinado de selectividad con un buen resultado y podía escoger diferentes opciones, pero estaba hecha un lío. No tenía una vocación clara y no sabía qué camino elegir. Las opciones eran tantas y tan diversas entre sí que estaba muy desorientada. Para mí era una situación nueva como madre de una hija preuniversitaria. Se lo conté a Jordi Nadal, empresario y propietario de Plataforma Editorial, y él me ofreció una idea genial y práctica, como es él. Me aconsejó que eligiera a algunas personas de mi entorno, cuatro o cinco, que tuvieran una experiencia profesional que yo valorara positivamente y les pidiera que quedaran para tomar un café con mi hija y charlaran sobre sus gustos, sus ideas y su futuro sin intermediaciones por mi parte; simplemente que se conocieran. Escogí a esas personas de mi entorno, profesionales con brillantes trayectorias a los que admiro que sabía que me dirían que sí, aunque no conocían a mi hija. La idea era tan buena que fue suficiente que se citara solo con dos; eso a ella le resultó suficiente. Posiblemente ninguno de los dos grandes profesionales con los que mi hija conversó, Nacho Villoch y Jorge Salinas, le dieran la clave para decidir qué carrera cursar, pero le permitieron una buenísima reflexión sobre ella misma y su futuro.

Esta idea de Nadal me parece válida para otros momentos clave de nuestras vidas. Muchas más veces de las que imaginamos nosotros mismos o nuestros hijos o amigos necesitan otras visiones que no sean las de casa o las del entorno más cercano y podemos contribuir con nuestras relaciones a que salgan del caos. Te recomiendo que sigas en redes sociales a Villoch y a Salinas. El primero es un referente en intraemprendimiento e innovación y el segundo, un auténtico líder explorador, experto en liderazgo y personas. ¡Gracias, Jordi, por aquella idea, y agradecida, Nacho y Jorge, por vuestra generosidad! Mi hija recordará siempre esas dos conversaciones que la aliviaron del caos.

Desde hace un tiempo, cuando siento esa confusión total, no me estreso demasiado, pues significa que estoy pensando, creando algo, analizando caminos. Amemos el caos.

A veces las personas nos relacionamos mal con el desorden, nos incomoda; incluso llegamos a avergonzarnos de nuestro propio embrollo. Una persona de mi equipo me dijo en una ocasión que la empresa se parecía demasiado a mí, que reflejaba mi forma de ser, y que eso generaba desorganización en el equipo y en la forma de trabajar. Se refería a que faltaba método, planificación. Quiso expresar algo así como que mi propio carácter impulsivo, a veces caótico, producía un efecto negativo en la compañía. Aquel comentario me disgustó; lo interpreté como algo negativo. Claramente su percepción no era buena, y estuve un tiempo intentando corregirlo. Aunque a veces me cuesta, sé que hay que saber escuchar las visiones de tu equipo y analizar dónde están los campos de mejora. Puse en marcha algunas acciones, así que el comentario no cayó en saco roto. Sin embargo, con el tiempo entendí que ese caos al que la persona de mi equipo se refería es parte de mi salvavidas. Mi impaciencia y mi fuerte orientación a la acción junto al caos forman parte de lo que ha permitido que hasta la fecha mi empresa sobreviva. Gracias a ese caos, permanezco en lo que el experto en gestión del cambio Juan Ferrer denomina *zona de confort evolutivo*.

Seguramente habrás oído cientos de veces la sentencia «Sal de tu zona de confort». Ferrer es el autor de un libro que te recomiendo: *No salgas de tu zona de confort*, en el que nos hace reflexionar en relación con la cuestión ¿es lo mismo confort que conformismo? Él distingue tres áreas de confort en las que las personas nos movemos:

1. Zona de conformismo feliz.
2. Zona de conformismo infeliz.
3. Zona de confort evolutivo.

En la zona 1 eres feliz y no tienes la ambición ni la necesidad de mejorar; tiene su coste, pero es válida para quien la quiera. En la zona 2 eres infeliz, estás desmotivado, insatisfecho, pero te conformas porque salir de esa zona es duro y costoso; se trata de esa zona en la que estamos resignados y preferimos lo malo conocido que lo bueno por conocer. En la zona 3 estamos en lo que se denomina *fluir*. Aquí se mezclan el disfrute y la evolución, el placer, el enriquecimiento y la superación; el tiempo desaparece; fluyes, y uno mismo es la acción.

¿En qué zona crees que estás viviendo actualmente?

Es deseable que las personas y las empresas estemos en la zona de confort evolutivo, lo que para mí requiere cierto caos. Puede parecer un disparate, pero no lo es. Caos y confort no son una contradicción. El área de confort evolutivo es donde aprendemos, mejoramos y crecemos. Y para que eso se produzca, tenemos que convivir con ese caos bueno, deseable, que una vez superado nos transporta a otro lugar.

No permitir el caos es como si negamos la probabilidad de dolor en nuestras vidas. ¿Alguien cree que durante su vida no va a sufrir nunca? Nadie sensato. Hay una frase de san Agustín que desde que la descubrí me parece inspiradora para el camino de cualquier persona emprendedora vital: «Es malo sufrir, pero es bueno haber sufrido». El dolor que es inevitable en nuestra vida cuando se transita con dignidad nos regala sabiduría. Seguro que has experimentado o conocido a alguien que ha sufrido y ha salido fortalecido de la adversidad. El dolor, como el caos, te descoloca, te reta, pero, si superas el revés, lo que surge de la transformación resulta imparable; te convierte es en alguien más sabio, más maduro y más agradecido. El caos, como el dolor, no hay que provocarlo ni buscarlo, pero, cuando llega, debemos acogerlo y permitir que nos transforme.

Toda persona impaciente e inconformista acoge el caos porque sabe que es necesario para mantenerse en la zona de confort evolutivo.

Es evidente que el caos no puede cronificarse y que las empresas requieren procesos y metodologías que hagan que las cosas funcionen. Hay que aprender a abrazar ese tumulto cuando aparece porque es un síntoma, una señal, de que se precisan cambios. A veces las personas con esa habitual aversión al cambio que todos tenemos ni siquiera interpretamos que el caos se produce para poder crear. Lo impredecible, que es en realidad el caos, nos hace evolucionar y, si sabemos gestionarlo, nos brindará oportunidades de autoconocimiento, de aprendizaje y de innovación.

¿Vas a permitir cierto espacio al caos en tu vida?

6. La vida es de los que se obsesionan

Una vez me dijo el reconocido publicista Luis Bassat: «La vida es de los que se obsesionan». Entendamos aquí la obsesión no como perturbación de la mente, sino como una fuerza arrolladora que te motiva a perseguir tus sueños.

La obsesión nos impulsa en la teoría de Bassat a la creatividad. Las obsesiones denominadas *productivas* hacen que tengamos comportamientos algo compulsivos y nos llegan a incomodar, pero resultan esenciales para lograr alcanzar retos. Una obsesión productiva es como una idea apasionada que somos capaces de mantener en el tiempo y que da significado a nuestra vida. La obsesión, cuando es positiva, puede expresar todo nuestro potencial. No me imagino a un chef como Dabiz Muñoz, de DiverXO, sin obsesión por sus nuevos platos, como tampoco a un joven Bassat sin obsesión por el anuncio para su campaña publicitaria del año.

Me pareció un regalo conversar con Bassat sobre la idea de la obsesión. Yo durante años estuve obsesionada con entrar a trabajar en Bassat Ogilvy. En la década de 1990, cuando me iniciaba como profesional, Bassat era ya una de las agencias más premiadas del momento y Barcelona un hervidero de buena publicidad, de buen diseño: concentraba las mejores agencias de publicidad. Envié currículums sin cesar a Bassat, pero nunca tuve la oportunidad de entrar. Recuerdo que solían responderme, entonces por correo postal, con cartas con mensajes como: «Lo tendremos en cuenta para futuras incorporaciones». Hoy esas cartas enviadas por correo postal son una reliquia para cualquier profesional de selección.

Con motivo de la publicación de su libro *Sueña como Luther King, habla como Obama, manda sin mandar y sé tú mismo,* tuve oportunidad de entrevistar a Bassat. Le confesé la cantidad de currículums que envié a su agencia en mis inicios y mi frustración por no haber podido trabajar con él. Con una amable sonrisa, me respondió: «Pues está claro que nos equivocamos; qué pena que no entraste a trabajar con nosotros». Le agradecí el cumplido, pero pensé en mi interior que quizás es que no me obsesioné lo suficiente para conseguirlo. Entré a trabajar en otras empresas y olvidé aquella obsesión, no la mantuve en el tiempo.

Me atrevo a preguntarte a ti: ¿hay algo que positivamente te obsesiona? ¿Cuál es en este momento tu obsesión productiva? No vale la respuesta: «Acabar de pagar la hipoteca» porque eso nos obsesiona a muchos.

En este texto Bassat, reconocido como el mejor publicitario español del siglo XX, después de proponernos reflexionar sobre los valores de nuestra personalidad, nos anima a seguir aprendiendo a través de nuestro entorno con un sencillo ejercicio: elaborar una lista de los amigos que nos inspiran y con los que podríamos aprender, detallando un tema sobre el que podríamos charlar con ellos: «Luego estará en tus manos tomar la iniciativa de llamarlos y quedar; eso te enriquecerá intelectualmente, una riqueza que nadie te podrá quitar. A modo de ejemplo, esta es mi lista...». Y publica Bassat su lista de personas identificando los temas sobre los que podrían conversar.

Me gusta este ejercicio porque nos muestra una de las obsesiones productivas que cualquier buen líder y emprendedor vital mantiene a lo largo del tiempo: la obsesión por seguir aprendiendo y la posibilidad de hacerlo con algo que está al alcance de todos, sin gasto alguno, simplemente a través de nuestro entorno.

Haz tu lista con los nombres y los temas sobre los que aprender: ¿cuántos amigos aparecen en tu lista? ¿Cuándo les llamas para quedar y aprender?

Espero que tu lista, larga o corta, sea de calidad, repleta de temas sugerentes y nuevos para ti. Cada conversación es una oportunidad; lo veremos más adelante. Somos lo que queremos ser. Lo que hacemos día a día define nuestro futuro. ¿A qué esperas?

3 La poderosa vulnerabilidad

«La vulnerabilidad es el lugar de nacimiento de la innovación, la creatividad y el cambio».

Brené Brown

Si damos por bueno, como decíamos anteriormente, que liderar y emprender un reto incluye la posibilidad de los *fracasos gloriosos*, como los califica Garrigues, estarás de acuerdo conmigo en que cualquier individuo en un proceso de reto se sentirá vulnerable. La posibilidad del fracaso, por muchas oportunidades que *a posteriori* queramos ver, *a priori* no le gusta a nadie.

El camino de emprender, sea literalmente montando un negocio o emprendiendo como filosofía vital, va irremediablemente unido a sentirse vulnerable. La vulnerabilidad se suele vincular con la debilidad, con algo que nos hace frágiles. La propia definición de la RAE nos dice que la vulnerabilidad es «debilidad, fragilidad, inseguridad, flaqueza». Hay personas que no quieren mostrarse vulnerables porque puede parecer un signo de debilidad.

Brené Brown, investigadora estadounidense con un gran sentido del humor, ha dedicado años a estudiar la vulnerabilidad, y ha asociado la capacidad de su aceptación con la autenticidad de las personas. La observación y el estudio de miles de individuos le han permitido identificar que la vulnerabilidad es clave para despertar nuestra creatividad e innovación y afrontar el cambio. Sus análisis concluyen que las personas que sienten la verdadera emoción de la vulnerabilidad tienen tres características en común: coraje, compasión y conexión. *Coraje* entendido como la valentía para atreverse, *compasión* como la amabilidad en el trato con uno mismo y con los demás y la capacidad de conectar (*conexión*) como la clave para ser reconocidas como personas auténticas. La vulnerabilidad pasa así de ser una debilidad a convertirse en nuestra mayor fortaleza, la llave de la autenticidad. Ciertamente la vulnerabilidad es en realidad un modo de relacionarnos con nosotros mismos y con los demás.

En todos estos años aprendiendo a liderarme a mí misma y a liderar, reconozco que he sentido la vulnerabilidad vinculada con la debilidad del que empieza desde cero, del que teme fracasar porque se siente frágil, sin respaldo. Ese es el motivo por el que la idea de Brown me parece tan sanadora, porque sitúa la vulnerabilidad como una condición poderosa en lugar de peligrosa. A través de nuestra vulnerabilidad, podemos hacer que nos pasen cosas buenas o malas.

Más allá de debates filosóficos, emprendamos o no, lideremos un equipo de miles de personas o de cuatro gatos, todos en un momento dado sentimos miedo, vergüenza e incertidumbre, que es lo que hay detrás de la emoción de la vulnerabilidad. Sin embargo, lo que nos diferencia a todos es la actitud que desplegamos a lo largo de nuestra vida ante esas emociones.

La vulnerabilidad es la condición universal que nos une a todos los seres humanos, lo que nos diferencia es cómo decidimos actuar frente a esa vulnerabilidad

Para darle la vuelta a la vulnerabilidad y conseguir, como dice la investigadora, que ese mito de la debilidad nos conduzca a la creatividad, a la innovación y a afrontar con éxito la vida, necesitamos desarrollar ciertas actitudes. Son las actitudes que he identificado como exquisitos dulces que dan forma al liderazgo del bueno, al que es para mí el liderazgo bombón, que te convertirá en un profesional y líder irresistible.

Te guste más o menos el chocolate, te esperan unos deliciosos bombones en el siguiente capítulo.

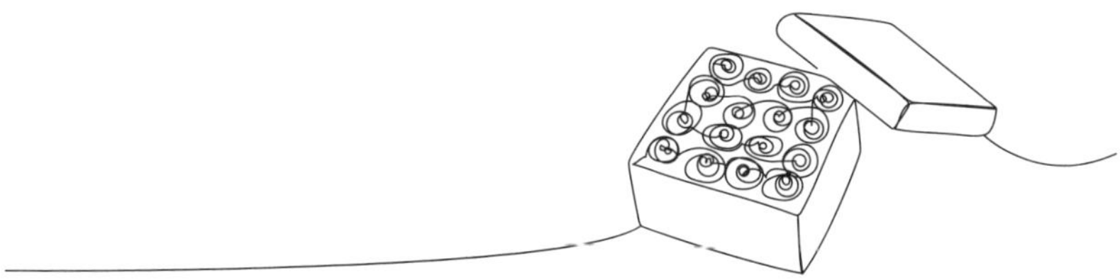

4
Liderazgo bombón

«Cuando nadie te entiende, el chocolate está ahí».
Anónimo

¿Te gustan los bombones? Si eres amante del chocolate, conoces esa tentación de no poder contenerte ante un delicioso bombón.

Precisamente con esa tentación a la que nos somete algo que nos gusta mucho es con la que experimentó en la década de 1960 el psicólogo y catedrático de la Universidad de Columbia Walter Mischel. Fue el famoso experimento de la golosina o *marshmallow* (nube de azúcar), que consistió en disponer en una habitación a niños de cuatro a seis años frente a un dulce y ofrecerles la posibilidad de percibir una ración doble si durante 15 min vencían la tentación y no lo probaban. En el caso de que no pudieran resistir la tentación, se llevaban solo una golosina.

El profesor Mischel hizo seguimiento de todos los niños durante más de cuarenta años, lo que le permitió determinar las diferencias entre los que resistieron la tentación y los que no. Los niños que vencieron el estímulo y se llevaron dos golosinas no solo obtenían mejores resultados académicos, sino que además gozaban de mejor salud, mejores finanzas y mayor éxito social respecto a los que optaron por el dulce inmediato. El test de la golosina ha posibilitado estudiar el autocontrol y cómo podemos aplicarlo en nuestra vida para tener más probabilidades de conseguir lo que deseamos.

Este experimento llamó mi atención cuando supe de él, quizás porque llevo años controlando mi impulsividad. El reconocido psicólogo demostró con sus investigaciones que la fuerza de voluntad se aprende, no es algo genético, como se había considerado anteriormente. Aprendemos a autocontrolarnos, aunque algunas personas aprenden mejor que otras.

Si emprendes o lideras un equipo, aprendes a autocontrolarte a diario. La gestión de personas, el trato con clientes, las decisiones en finanzas, etc., casi todo lo que hacemos en nuestra actividad diaria en una empresa nos enfrenta al autocontrol. Por supuesto, también nuestra vida personal nos somete a ello: una discusión con tu pareja, una dieta, la economía doméstica... Estamos continuamente sometidos a contenernos, como los niños del profesor Mischel ante la golosina.

Afortunadamente en mi caso no tengo que hacer esfuerzos de autocontrol ante las golosinas porque no me gustan demasiado, pero me confieso adicta al chocolate, de modo que los bombones sí me enfrentan a ese autocontrol, como el que experimentaron los niños del ensayo del catedrático.

Dice la ciencia que el chocolate provoca el aumento de serotonina en nuestro cerebro, y sabemos que esta es el neurotransmisor que regula nuestro estado de ánimo. Así que he aprendido a no sentirme culpable por consumir chocolate. Es mi particular droga. Y no lo es en período premenstrual ni tampoco porque me esté acercando a la menopausia; el chocolate negro ha sido mi droga toda la vida. Y también es la de mi madre, lo que no me extraña, porque hay investigaciones que han determinado que las mujeres son más proclives que los hombres a los efectos de la feniletilamina, sustancia que contiene el chocolate con más del 70 % de cacao, que es el que a nosotras dos nos vuelve locas. Debe ser por eso por lo que efectivamente entre los devotos al chocolate hay más mujeres que hombres.

Más allá de conocer los efectos positivos en la salud de las mujeres y de que tengamos claro que el chocolate no reemplaza relación sexual alguna, lo que me seduce de esa pieza de chocolate que es un bombón es su significado. Los bombones tienen una simbología asociada al amor, a la gratitud y a la celebración. Eso es justo la vida. Regalar bombones es decir «te aprecio», dar las gracias, tener motivos para celebrar. Nos pasamos un tercio de nuestra vida trabajando. Como seres humanos que somos fuera y dentro del trabajo, las relaciones afectivas, la gratitud y la celebración están presentes también en nuestro entorno profesional. Y resulta que el término *bombón*, además de para designar una pieza de chocolate, lo utilizamos para describir a alguien especialmente atractivo. A todos nos gustan las personas atractivas (a cada uno lo que entienda por *persona atractiva*). Así es como *bombón*, aceptado por la RAE, nos sirve de calificativo sinónimo de *delicioso*, válido para hombres y mujeres, válido para las personas. Y válido también para una forma de ser y de estar en la vida que puede resultar tan sugerente e irresistible como un bombón.

Todo bombón nos plantea un reto. Le exigimos que, además de esa cobertura irresistible, aparentemente deliciosa por fuera, su interior cumpla las expectativas y nos deleite con su sabor. La cobertura podrá ser sugerente, pero en el interior esperamos la esencia y autenticidad del mejor chocolate.

El gran reto que tenemos las personas: ser interiormente tan irresistibles como nos mostramos al mundo en esta era de las redes sociales donde premia la apariencia.

El esfuerzo está en ser exquisitos por fuera como un bombón y al mismo tiempo poder sorprender y deleitar con nuestro interior; eso es ser auténtico.

Me atrevo a decir que también constituye el desafío de las empresas. Vivimos un momento en el que es habitual detectar cómo algunas compañías practican el *greenwashing, pinkwashing* o *purplewashing,* entre otros ejercicios de contradicción y maquillaje. Esto ocurre porque solo han prestado atención a la cobertura del dulce. El objetivo entonces es crear compañías bombón, organizaciones que sepan mostrarse con una atractiva cobertura —que tanto favorece para el *employer branding*— y cuyo interior corresponda a la promesa exterior. Parece obvio, pero es fácil caer en la inconsistencia. Ser una empresa bombón es conseguir que el amor en forma de relaciones afectivas de valor, la gratitud y la celebración nos guíen hacia la obtención de los mejores resultados. Así es como se crean entornos donde verdaderamente se fomenta el bienestar de las personas. Donde hay amor, gratitud y celebración, hay organizaciones saludables. Ser una empresa bombón es ser auténtico, vender lo que realmente se es.

El bombón supone un homenaje al placer. Ese disfrute es el que, como personas, en última instancia debemos provocar en los demás, seamos jefes o no. Son también ese placer y esa satisfacción el fin último que deberían perseguir las compañías para sus equipos.

Dijo Tom Hanks en la película *Forrest Gump*: «La vida es como una caja de bombones: nunca sabes lo que te va a tocar».

A diferencia de lo que pasa en la vida, en la que efectivamente no sabemos qué bombones nos van a tocar, en este caso el liderazgo bombón es una delicada caja que contiene cinco actitudes.

Como los bombones caseros que tienen una delicada elaboración, las actitudes bombón no vienen de serie; son dulces que no se fabrican de modo industrial. Su elaboración resulta artesanal, de confitería. Se les da forma y perfección con el tiempo a prueba de práctica. Son actitudes bombón la valentía, la curiosidad, la flexibilidad, la humildad y la generosidad. Son estos bombones los que nos permiten aprender a lo largo de nuestra vida. Como si se tratara de una explosión de sabor en nuestra boca, estas actitudes explosionan nuestro aprendizaje y desarrollo.

Con las actitudes bombón ocurre que, si no aplicamos autocontrol, como los niños del experimento frente a la golosina, pueden acabar arrastrándonos a una especie de improductividad que nos frena. Ya sabemos que las virtudes, cuando se dan en exceso, nos alejan de nuestros objetivos. No nos empachemos de estos cinco bombones, por muy buena pinta que tengan.

Sea lo que sea que nos toque lidiar a cada uno en la vida, como sugería Hanks, mi propuesta es degustar el bombón de la valentía, la curiosidad, la flexibilidad, la humildad y la generosidad. Si queremos que nos pase como a esos niños que supieron esperar la doble golosina y acabaron obteniendo mayor éxito en su edad adulta, necesitamos deleitarnos con las actitudes bombón.

Vamos a abrir la caja de bombones. ¿A qué esperas?

1. Bombón valentía

«El valiente no es quien no siente miedo, sino aquel que se atreve a conquistarlo».
Nelson Mandela

La valentía es esa virtud bombón que nos lleva a la acción. No pensemos que los valientes no sienten miedo. Ser valiente es atreverse a pesar de los miedos. Lo hemos visto con el hexágono de la determinación. Ser valiente es tener la determinación de actuar aun siendo conocedor de los desafíos. A veces lo confundimos con el coraje. Podríamos decir que la valentía es hacer un *sprint* o correr una carrera de 10 km, mientras que el coraje sería una maratón, es decir, la valentía sostenida en el tiempo. La valentía se aprende, porque en realidad ser valiente es una cuestión de práctica. Lo he entendido a través de mi propia experiencia.

Una vez una amiga me dijo que yo era doblemente valiente: porque había emprendido y porque me subía a los escenarios ante cientos de personas. En relación con lo primero, le daré la razón, pues hoy en nuestro país hay que ser valiente para emprender; el sistema no lo pone fácil. Sin embargo, me hizo pensar sobre su segunda consideración: «Hay que ser valiente para subirse a un escenario». Cuando se lo escuché, el comentario me pareció exagerado, pues actualmente no siento que enfrentarme al público sea un acto de valentía, sino más bien de disfrute. Llevo más de veinte años haciéndolo. La valentía es una cuestión de práctica. Percibimos dificultad en función de lo habituados que estamos a enfrentarnos a una tarea o situación determinada. Es bien sencillo, pero conviene recordarlo para saber que hay que practicar, que los valientes no nacen valientes.

Sin embargo, la afirmación de mi amiga me trasladó a mis inicios ejerciendo de comunicadora. Recordé entonces aquel sudor de manos previo al inicio de un evento con el auditorio lleno y aquellas gotas de origen natural que me ponía debajo de la lengua para calmarme los nervios. Eran una recomendación de mi amiga del alma y farmacéutica Montse Montaner. Aún las recuerdo porque el nombre de las gotas lo decía todo: método RESCUE. Entonces sí fui una valiente.

Nos dice la neurociencia que lo que nos impide ser valientes es una especie de compuerta en nuestro cerebro. Así de gráfico me lo explicó Ana Ibáñez, experta en el cerebro humano y autora del libro *Sorprende a tu mente*: «La variable principal para un cerebro entrenado es que tu cerebro no sienta miedo, temor. Porque el miedo tiene la capacidad de que funcionemos cerebralmente solo desde la parte más primitiva, que es la de nuestra supervivencia. Cuando tu cerebro siente temor hacia algo, se cierra una compuerta, se reduce en volumen el área de hipocampo, que es donde están guardadas todas nuestras emociones, es como el álbum de fotos que tiene tu cerebro. Si tu cerebro no tiene acceso a toda esa información, lo que siente es miedo, alerta. Si tu cerebro no conecta con ese álbum de fotos que es el hipocampo, deja de funcionar nuestro córtex prefrontal, que es la parte de tu cerebro que te dice: "Tienes que mantenerte alerta, pero esto no es una cuestión de vida o muerte, lo vas a poder hacer". Y eso lo cambia todo».

Parece sencillo, pero abrir y cerrar esa compuerta me parece la esencia de la vida: saber mantener el equilibrio. Enseñar a nuestro cerebro a ser valiente, superar el miedo, pero al mismo tiempo no ser temerario, pues un exceso de valentía nos podría conducir al riesgo.

Lo positivo de las personas valientes es que pueden llegar a conseguir que otras también lo sean.

Hace un tiempo alguien de mi equipo a quien admiro, nuestra directora de Contenidos, Elena Carrascosa, me dijo algo que me hizo reflexionar sobre el efecto contagioso de la valentía. En medio de una conversación telefónica, me soltó: «Eres una jefa retadora», y ella misma prosiguió la conversación. Cuando colgué la llamada, me quedé un momento pensando. Aquella definición me gustó mucho, no solo porque me identificara como persona de desafíos, sino porque su frase me estaba diciendo que yo la estaba incitando a ser valiente y a atreverse ante diferentes retos a pesar de sus miedos e incertidumbres. Fue un gusto, Elena, recibir ese elogio de tu parte y poder seguir siendo valientes juntas. La valentía es una virtud bombón con gran capacidad de contagio.

2. Bombón curiosidad

«La vejez es la pérdida de la curiosidad».
Azorín

¿Te consideras persona curiosa? ¿Del 1 al 10 cómo de curioso eres?

Es precisamente curioso que los niños sean tan curiosos. Son expertos en hacer preguntas, mientras que los adultos, revestidos de mayor conocimiento, con la edad solemos dejar de hacerlas. Los niños hacen más de setenta preguntas al día, frente a las apenas veinte que formulamos de media los adultos.

Yo fui una niña curiosa. Incluso ahora, de adulta, mi entorno familiar suele avisar cuando alguien nuevo aparece en escena para que no se incomode con mis incisivas preguntas. Es sabido que los periodistas sabemos de todo y de nada, hacemos preguntas sobre cuestiones diversas, sin tiempo de profundizar en todos los temas que tratamos. Afortunadamente, sobre el concepto de curiosidad sí he tenido ocasión de profundizar algo.

No sé qué nota te has puesto como persona curiosa; espero que te hayas concedido al menos el aprobado. Si es así, esto es lo que dice un estudio de la Universidad de California, dirigido por el investigador Matthias Gruber, sobre tu cerebro curioso.

«Cuando sentimos curiosidad, activamos el sistema de recompensa del cerebro que segrega dopamina, ese otro neurotransmisor conocido como *la hormona de la felicidad*. La curiosidad también activa el hipocampo, esencial en la formación de la memoria. Ambas cosas, dosis de dopamina e hipocampo activo, hacen que nuestro cerebro esté más receptivo al aprendizaje, de forma que las personas curiosas pueden aprender más contenidos y de manera más rápida. Las personas curiosas son más empáticas y tienen más facilidad para aceptar los cambios. Las investigaciones han detectado que las personas curiosas tienen más resistencia al estrés. La curiosidad lleva a la reflexividad crítica, lo que mejora el modo en el que usamos la mente en un conflicto. Buena noticia: a diferencia del cociente intelectual (IQ), el denominado índice de la curiosidad (CQ) puede desarrollarse».

Como actitud bombón, la curiosidad requiere autocontrol. Si conoces a alguien que te parece atractivo y no paras de hacerle preguntas, parecerás un pesado. Un exceso de curiosidad puede llegar a ser imprudente. Ya lo dice el refrán: «La curiosidad mató al gato». Incluso si tenemos un exceso de curiosidad hacia muchos temas, podemos acabar en esa improductividad que ocurre cuando vamos de flor en flor sin detenernos demasiado en nada. Todos conocemos a ese tipo de personas que empiezan muchas cosas y no acaban casi nada; se trata de mentes muy curiosas con escaso autocontrol. Sin embargo, si tienes la curiosidad activada y sentido común para no pasarte de curioso, encontrarás más rápidamente soluciones a los retos a los que te enfrentes en tu trabajo, serás una persona más creativa.

Sabemos que el emprendimiento y la innovación han ido siempre de la mano. Pero ¿cómo llegamos a la innovación? ¿Cómo consiguen las personas y las empresas ser innovadoras? Precisamente haciéndose preguntas, es decir, activando la curiosidad.

En la década de 1930, una niña de tan solo tres años preguntó por qué tenía que esperarse tanto para ver una foto. Gracias a esa pregunta, su padre diseñó la primera Polaroid, que revolucionó la historia de la fotografía. Si sabemos que la innovación parte de la curiosidad, de esa habilidad para hacerse preguntas, ¿por qué se dedica tan poco espacio y tiempo en las compañías a promover la curiosidad?

Hace algo más de un año participé en un encuentro sobre la actitud de la curiosidad en las organizaciones. Asistió al acto un grupo de líderes de diferentes compañías. Yo debía conducir el debate acompañada de la dinamización de una mujer excepcional, Carmen Bustos, empresaria y consultora en transformación de personas y organizaciones.

Esto es lo que Carmen Bustos nos dijo sobre el bombón de la curiosidad en aquella sesión: «La sociedad está centrada en la búsqueda de respuestas. En las empresas a las personas nos pagan por la toma de decisiones y no por hacernos preguntas. Es una paradoja, porque queremos que las compañías sean innovadoras, pero no valoramos el espacio para las preguntas; lo que queremos son respuestas. La clave de la innovación no son las respuestas; son las preguntas. La verdadera palanca para innovar es la duda».

Ya hay muchas organizaciones que han entendido la curiosidad como elemento clave para lograr la ansiada innovación. Google cambió la forma de captar talento cuando se atrevió a cuestionarse las entrevistas de trabajo. En 2004 publicó un enigmático código en una valla publicitaria de la autopista 101 en pleno corazón de Silicon Valley. Quien lo acertaba podía entrar a una web y enviar su currículum. Daba igual su formación. No buscaban ingenieros; solo gente curiosa. De hecho, el por entonces CEO de la compañía, Eric Schmidt, aseguró: «Dirigimos esta empresa a base de preguntas, no de respuestas».

Hay algunas compañías alemanas muy punteras, como Siemens, que tienen en plantilla el denominado *grundsatzfraguen direktor*, que podríamos traducir como «director de preguntas fundamentales».

El Foro Económico Mundial de Davos asegura que la curiosidad será una de las cualidades necesarias para introducirse y mantenerse en el mercado laboral en este siglo. De hecho, Davos ha incluido la curiosidad en la lista de las cualidades del carácter que necesitan poseer los estudiantes hoy para enfrentarse a este entorno de cambio continuo. La curiosidad deja entonces de ser un requisito exclusivo de los departamentos creativos y de los líderes. A cualquier profesional la curiosidad le acelera el conocimiento.

> En las empresas, la actitud bombón más deseada debería ser la curiosidad porque las personas curiosas son las que accionan los cambios.

A lo largo de la historia se ha demostrado que los grandes avances, descubrimientos y aportaciones de valor son fruto de una pregunta original, meditada y que nadie antes se había hecho. En el caso de que lideres un equipo, tendrás que repartir mucho bombón de la curiosidad: «El líder o CEO de cualquier compañía debe promover espacios y generar la confianza dentro de sus equipos para que vayan en busca de la pregunta yugular. Como jefe, debes acabar con el miedo que tienen las personas a hacer preguntas, por locas que parezcan», nos dice Bustos.

Ser curiosos nos permite a todos desarrollarnos porque nos abre caminos en la vida, sea cual sea la etapa profesional que estemos viviendo. La curiosidad es una actitud deseable que no solamente tiene beneficios en el entorno laboral; hay una idea sobre la curiosidad que aplica a nuestras relaciones personales. La aprendí leyendo a Robert Waldinger, profesor de psiquiatría de la Universidad de Harvard y gran investigador sobre la felicidad. Waldinger se ha pasado los últimos diez años estudiando cómo las relaciones afectan a nuestros cuerpos y son capaces de cambiar nuestra fisiología. Entre otras ideas, ha desarrollado el concepto de curiosidad radical.

No sé si tienes pareja estable o no y, en caso de que la tengas, cuánto tiempo hace que estás con ella. Waldinger ha desarrollado estudios sobre cómo estamos de sintonizados con la otra persona. Las investigaciones han demostrado que, cuando salimos por primera vez con alguien, somos muy buenos sintonizando lo que siente la otra persona. Sin embargo, cuando llevamos cinco, diez o veinte años, sabemos mucho menos cómo se siente. Cualquiera pensaría que es al revés, pero lo que sucede es que asumimos que conocemos muy bien a la otra persona y dejamos de ser curiosos. Este ejemplo con nuestra pareja podemos trasladarlo a cualquier amigo o familiar. No solo en la empresa la curiosidad cotiza al alza; también en nuestro círculo más íntimo hacer preguntas es clave para mantener vivas y sanas las relaciones.

Me lo demostró hace algunos meses mi hija Inés. Su resultado académico no está siendo el deseable. Llevamos un par de años con bastante tensión en casa a causa de la gestión de la propia adolescencia y de sus malas notas. Hace poco tuvimos una fuerte discusión. En un momento en el que ella me argumentaba su dedicación al estudio, le respondí que los resultados no le daban la razón. Al decirle aquello, la niña rompió a llorar y, muy enfadada, me reprochó que a mí no me interesaba nada cómo se sentía ella porque solo me preocupaba por los resultados; que nunca le preguntaba nada sobre ella, pues solo estaba interesada en las notas (en aquel momento recordé la frase de Bustos cuando dice que la sociedad nos empuja a los resultados y no a las preguntas). Entre sollozos, mi hija me pedía más preguntas, más curiosidad, hacia lo que estaba ocurriendo en su interior y menos foco en el resultado. Estamos ambas en el camino de mejora: ella para remontar y obtener mejores resultados y yo para entenderla mejor a través de las preguntas. Algunas de las cosas que nos duelen con las personas a las que más queremos se deben a que no aplicamos esa idea de curiosidad radical de Waldinger.

La curiosidad es información. Cuando tenemos información, somos capaces de decidir de forma más estratégica. Pero no basta con ser curiosos y hacer preguntas. Una vez que tenemos las respuestas a tantas preguntas, necesitamos desarrollar otra de las actitudes bombón, la flexibilidad. En esta era de la incertidumbre, las empresas no paran de solicitar la capacidad de adaptación a un entorno cambiante.

3. Bombón flexibilidad

«El arte de la vida radica en readaptarnos permanentemente a nuestro entorno».

Okakura Kakuzō

¿Por qué la flexibilidad es una actitud bombón? Porque es el mejor antídoto a la intolerancia y a la polarización que hoy invaden nuestra sociedad, y porque además nos permite enfrentarnos positivamente a los cambios. Si quieres evolucionar en la vida, te enfrentarás a cambios, porque la vida en sí lo es. ¡Vamos con el tercero de los bombones!

¿Estás en muchos grupos de WhatsApp? Entre los míos hay uno con mis amigas de la universidad. Nos conocemos desde hace más de treinta años.

Pensando en ellas, me viene a la mente qué importante es saber mantener y cuidar las relaciones a lo largo del tiempo. Así lo ha determinado también el psiquiatra Waldinger, quien, además de la idea de curiosidad radical, con sus investigaciones ha observado el papel relevante que tienen nuestros vínculos sociales con amigos sobre nuestra salud. Gracias a sus estudios, sabemos que la calidad de nuestras relaciones ejerce una gran influencia en nuestro bienestar mental, emocional e incluso físico. Habla Waldinger sobre el *fitness* social y sobre cómo, a medida que envejecemos, el mayor predictor de nuestra salud es la calidad de las relaciones que tenemos.

Haciéndome eco de ese necesario *fitness* social, acudo a mis amigas de la universidad: Cristina, Ares, Sonia, Mónica y Thais. No nos vemos mucho, pero sí nos reímos mucho cuando nos vemos. Y entre esas cosas insólitas que solamente a nosotras nos hacen gracia, una consiste en renombrar el grupo de WhatsApp con expresiones propias de alguna de nosotras o que hacen alusión a alguna conversación divertida que hemos mantenido. Si revisas los nombres de algunos de los grupos de WhatsApp de los que formas parte, seguro que son pura creatividad.

Todos sabemos cuánto cuesta cerrar una fecha para verse con amigos cuando se vive en diferentes ciudades, cada cual con sus horarios y obligaciones. La de mensajes de WhatsApp que se llegan a enviar para concretar una fecha... A colación de esa dificultad para vernos y atendiendo a una de mis habituales expresiones, nuestro grupo de WhatsApp estuvo unos cuantos años bajo el nombre «Yo me adapto». Me gustó que una de mis amigas lo renombrara así porque se ha convertido casi en un lema de vida para mí. Es una expresión con la que me identifico y que suelo utilizar a menudo. «Yo me adapto» me ayuda a conectar con mi capacidad de empatizar con la realidad del resto de personas y a tener una actitud flexible para, en este caso, facilitar que nos veamos al menos una vez al año. Actualmente, el grupo lleva un tiempo renombrado como Eres una fantasía, pero eso da para otra historia. Me centraré en el significado de «Yo me adapto» y su relación con esta actitud bombón que es la flexibilidad.

¿Te consideras una persona flexible? La flexibilidad es adaptarse a las nuevas situaciones de forma adecuada, y también entender la voluntad y la opinión de los demás. Adaptarse no es dejarse manipular, sino saber ubicarse en otro lugar.

Cuando el mercado no compra lo que tú esperas, un cliente necesita un servicio distinto al que tenías diseñado, una persona de tu equipo tiene una necesidad diferente y requiere la flexibilidad de la empresa, las cosas no salen como esperabas y tienes que cambiar el rumbo de tu compañía, debes consensuar tu criterio con el de tus socias... Así he aprendido yo a ser flexible, aceptando situaciones inesperadas, entendiendo la opinión de otros y provocando cambios cuando se requieren. El buen líder y el emprendedor vital desarrollan la flexibilidad ante las circunstancias y activan las transformaciones precisas por supervivencia.

Cuando somos poco flexibles, dificultamos el diálogo, y eso siempre hace difícil la convivencia y las relaciones.

Esto aplica en el trabajo y en casa. Las actitudes más rígidas suelen llevar al conflicto. Esa capacidad de adaptarse a los diferentes contextos es la que nos permite evolucionar. Lo malo es que a la flexibilidad le pasa como a la empatía: la mayoría de las personas pensamos que vamos bien equipadas. Casi nadie se considera una persona rígida, en general tenemos poca consciencia de nuestro grado de mente y comportamiento flexible. No he conocido a casi nadie que diga de sí mismo que no es empático, del mismo modo que casi ninguno admite su rigidez. Sin embargo, luego vemos que estamos rodeados de gente a nuestro alrededor con escasa flexibilidad.

Del mismo modo que resulta saludable tener flexibilidad corporal porque favorece nuestra corrección postural y minimiza los dolores musculares, también lo es entrenar la flexibilidad mental. Las personas más flexibles mentalmente son capaces de enfrentarse mejor a los desafíos y suelen manejar mejor las emociones. Hay que entrenar la flexibilidad mental como si de un músculo se tratara. Un buen entreno para desarrollar una actitud flexible es no juzgar, no suponer y olvidarse de los prejuicios. Suena bien, pero no resulta fácil. Todos, absolutamente todos, tenemos sesgos y prejuicios.

Durante cinco años, de 2013 a 2017, vivía en Barcelona y trabajaba de miércoles a viernes en Madrid. Mis hijas eran pequeñas —diez y cuatro años—, y en mi ausencia se quedaban con su padre. Yo salía de casa los miércoles por la mañana y volvía el viernes en el AVE del mediodía para ir directa al colegio a recogerlas. Cada viernes iba de la estación de Atocha a la de Camp de Tarragona, desde donde conducía directamente hacia el cole. Recuerdo aquella emoción que me invadía conduciendo, una mezcla de agotamiento de toda la semana, cierta culpabilidad y al mismo tiempo la alegría que sentía de volver a ver a mis hijas. Me enteré un día de que una persona a la que aprecio había criticado abiertamente mi forma de vida por estar cada semana fuera de casa. No voy a negar que aquel pensamiento me dolió. Quien opinaba así era una mujer con la que yo creía tener buena relación y confianza, por lo que aquello me pareció una traición. Nunca le dije nada, pero con el tiempo entendí que realmente lo más reprochable era que alguien que además es mujer hubiera juzgado de forma tan rígida algo tan grandioso como es ser madre. Los estereotipos, prejuicios y sesgos inconscientes limitan nuestra flexibilidad. Este es solo un ejemplo, en este caso en materia de género, que evidencia las barreras culturales y sociales que aún existen en torno al rol de la mujer en la sociedad.

Ser una persona rígida es tener una estrecha comprensión de las maneras, circunstancias u opiniones de los demás. La rigidez representa un gran obstáculo para conseguir relaciones sanas y también para alcanzar metas en la vida.

Y ahora sigo hablando de hijos, pero en este caso, con su permiso, de los de Albert Triola, CEO en España de la multinacional estadounidense Oracle. Entrevisté a este directivo en un desayuno de trabajo ante otros profesionales y me contó algo que tiene mucho que ver con educar en la flexibilidad.

Me explicó que él ha promovido siempre que sus hijos tengan un *networking* diverso, lo más diverso posible; que no abandonen a los colegas de juventud, pero que se rodeen de personas muy variadas entre sus amistades. Según Triola, tenemos que provocar que nuestros hijos se relacionen con personas de otras culturas y también de distintos ámbitos (arte, cultura, humanidades, etc.). La flexibilidad nos permite acoger la diferencia. En esa búsqueda de la identidad, de reconocerse en el grupo y de que les reconozcan, nuestros hijos se convierten en fotocopias de sus amigos y se relacionan como las tribus, separándose por identidad.

Distintos estudios han evidenciado que los niños que han sido expuestos a culturas diferentes o tienen interés por otras sociedades desarrollan en la vida adulta mayor capacidad de liderazgo que los que se han criado en un mismo lugar y mantienen un sentido de mucho arraigo hacia su entorno.

Nosotros mismos en las empresas llevamos años practicando el *networking*, pero en muchas ocasiones no es nada diverso. La idea de Triola me parece muy potente en este momento en el que tanto hablamos de diversidad y, sin embargo, nuestro círculo y el de nuestros hijos a menudo son muy poco variados. Triola, que fue criado en el barrio obrero de Sant Adrià de Besòs, en Barcelona, hoy gestiona un negocio de 6000 millones de dólares. Él es claramente un líder bombón, por valiente, curioso, flexible, humilde y generoso. En su libro *¿Cómo triunfar en una multinacional?,* comparte esta idea de *networking* diverso y numerosas reflexiones que tienen mucho que ver con las actitudes bombón.

Donde existe un ejercicio fascinante de flexibilidad es en la industria del cine, concretamente en el trabajo de actores y actrices.

Suelo ver cada año la gala de los Premios Goya a pesar de que sabemos todos que a menudo resulta insufrible. Me gustan el cine español y los vestidos de gala, así que ganan las buenas razones. En los últimos Premios Goya, José Coronado fue nominado y galardonado con el Premio al Mejor Actor de Reparto por la maravillosa película *Cerrar los ojos*.

En la alfombra roja, en ese ir y venir de caras conocidas, una periodista le preguntó sobre la reflexión que podemos extraer de la película y lo que aporta este último film de Víctor Erice. La respuesta de Coronado me pareció brillante para reflexionar sobre el necesario ejercicio de entrenar la flexibilidad. A la pregunta de la periodista: «¿Crees que la sociedad necesita precisamente *Cerrar los ojos* para conectar con el presente?», Coronado respondió: «La sociedad lo que necesita es más tolerancia, más aceptación, más respeto por el prójimo. Ese concepto del que se habla ahora, la polarización, es cierto. La gente lucha por imponer su idea. Si hay algo que tenemos los actores es que, para preparar los personajes, nos metemos en la piel de gente que no somos nosotros. De tanto trabajarlos, llegamos a entenderlos, y eso nos hace crecer, escuchar, respetar al prójimo. Yo creo que a la sociedad le vendrían bien unas clases de interpretación».

Seamos actores o no, entrenar la flexibilidad no es fácil porque hay que desprenderse de juicios. La flexibilidad exige entender que hay otros caminos diferentes al que teníamos planeado o al que considerábamos óptimo para nosotros. Nos vendría bien a todos ser actores y actrices durante un tiempo para practicar ese ejercicio de entender mejor a los demás.

La dificultad para desarrollar la habilidad bombón de la flexibilidad radica en el propio funcionamiento de nuestro cerebro. Hace un tiempo entrevisté a la pedagoga y experta en neuroeducación Anna Forés, coautora de *La resiliencia*. A través de aquella entrevista, entendí algo mejor por qué las personas tenemos dificultad para desarrollar una mente flexible.

Dice Forés que el funcionamiento de nuestro cerebro se basa en ahorrar energía. Por ese motivo, solemos repetir caminos, es decir, ir por el recorrido de lo conocido. Me explicó de forma muy gráfica que nuestro aprendizaje lo hacemos a través de *autopistas* y automatismos que nos permiten repetir patrones y tomar decisiones rápidas y eficaces. El cerebro busca la eficacia; esa es una de las razones por las que nos cuesta desaprender. Esto explica el temor al cambio en nuestras vidas en general y también en las empresas.

Basándose en sus amplios estudios sobre el funcionamiento de nuestro cerebro, Forés defiende que neurológicamente no estamos preparados para la tarea de desaprender. Es humano temer el cambio, y solo una mente flexible nos permite afrontarlo, eliminando etiquetas y estereotipos sobre nosotros mismos y sobre los demás.

Una investigadora, Forés, y un actor, Coronado, me estaban diciendo lo mismo: necesitamos abrir la mente, enseñar a nuestro cerebro a ir por otras autopistas, a ser más flexibles.

Salir del camino fácil, de la repetición de lo interiorizado, conlleva un proceso de entrenamiento. El reto es comprender que el nuevo camino o incluso el del otro, que muchas veces desconocemos, pueden ser buenos o incluso mejores.

Ser una persona rígida en realidad es un acto de soberbia: es como creer que tienes la razón y que tu camino es el mejor. Cuando no eres flexible, es como si desarrollaras una especie de yoísmo, ese gran mal de nuestra era. Para la gestión de los egos, que tan complicada resulta en entornos profesionales, hay un antídoto fantástico, que es la cuarta de las actitudes bombón: la humildad. Como las otras, tampoco viene de serie. Liderarnos bien va irremediablemente unido a la idea de vulnerabilidad, que ya hemos visto. Y ante la consciencia de esa vulnerabilidad que nos afecta como seres humanos, las personas podemos desarrollar una actitud arrogante o humilde.

4. Bombón humildad

«La soberbia mata cualquier talento;
la humildad te hace grande».

Anónimo

Hace unos años, una gran compañía que cotiza en bolsa encargó a mi empresa la organización de un evento. Cuando estábamos en una de las primeras reuniones previas a su puesta en marcha, fuimos a la sede corporativa del cliente. El proyecto era ilusionante, y por nuestra parte habíamos preparado bien la reunión. Decidí ir acompañada de buena parte del equipo. Después de pasar por los filtros de esos accesos casi ministeriales de las grandes compañías, nos llevaron a una enorme sala de juntas y allí empezamos a defender la propuesta. En un momento dado, el entonces director de marketing se dirigió a mí y me dijo con tono bastante airoso algo muy parecido a esto que escribo a continuación. No lo reproduzco literalmente porque no lo grabé con grabadora, pero sí lo hice en mi memoria (contrasté después que los miembros de mi equipo habían escuchado lo mismo, así que no fue un error de interpretación). Me soltó aquel directivo: «Como puedes imaginarte, nosotros mañana mismo podemos tener la propuesta de muchas otras empresas; cientos de empresas quieren trabajar con nuestra compañía. En esa silla en la que estás sentada tú ahora mismo, muchos querrían estar, cantidad de proveedores querrían estar en tu lugar, así que...», y prosiguió con un tono altivo que me hizo sentir bastante incómoda.

Desconozco cuál era su intención; quizás era un modo desafortunado de presionar para una mayor excelencia en el servicio. Sin embargo, en lugar de conseguir despertar mi orgullo y deseo de poner en marcha el proyecto por sentirnos algo así como los elegidos, lo que logró es que entendiera definitivamente el espantoso efecto que causa en los demás la falta de humildad. Qué horrible es la soberbia y qué fácil detectarla cuando nos produce vergüenza ajena. He conocido en todos estos años a una categoría de profesional que da significado a su vida a través de su tarjeta de visita y su cargo, algo que todos sabemos que un día desaparece. El emprendedor no suele entender de tarjetas ni de arrogancias porque no tiene nada más que una idea y muchas ganas. Yo nunca tuve una tarjeta con un superlogo de una compañía megarreconocida, y eso creo que te salva de hacer el ridículo —probablemente habré hecho otros, pero afortunadamente ese no—, como hizo aquel director de marketing.

Un tiempo después aquel directivo salió de la organización. Me escribió entonces amablemente para vernos y contarme cómo tenía pensado enfocar su nueva etapa. Quizás la transición de salir de su puesto le hizo descubrir lo que al cobijo de la gran corporación no había conocido: la humildad.

Hay personas que piensan que la humildad es la virtud de los débiles. Eso le dijo un directivo en una ocasión al experto en liderazgo

Álvarez de Mon. Él le respondió: «Al revés, la humildad es la virtud de los sabios».

En el pasado, a causa de un complejo de inferioridad —muy propio de los que dirigimos microempresas—, sentí como si el panorama empresarial fuera un megaconcierto. En mi imaginación, en lo alto del escenario estaban los profesionales de las grandes corporaciones. Eran los grandes artistas del concierto, unos privilegiados, mientras que los proveedores, muchas veces procedentes de pymes, éramos los pobres técnicos del espectáculo conformándonos con posiciones de menor reconocimiento al servicio de unas cuantas estrellas.

Superé definitivamente ese complejo el día en el que entrevisté a Josep Santacreu, que ha estado al frente de DKV como CEO nada más y nada menos que 25 años. Bajo su dirección, la compañía multiplicó por siete sus ingresos, alcanzando casi los 900 millones de euros. Actualmente es presidente de la Cambra de Barcelona. Cuando le pregunté sobre lo que había aprendido siendo líder de una multinacional como DKV, me dijo, y en este caso sí transcribo literalmente: «He sido directivo de una ONG, he sido directivo de un hospital público, he sido directivo de empresa privada, tanto en empresa grande como en empresa pequeña, y al final lo importante, como diría un navegante, no es llevar un barco pequeño o un barco grande; lo esencial es que te guste navegar y saber navegar. Lo más importante que he aprendido en mi trayectoria lo aprendí de mi padre en una pequeña empresa. Porque no es un tema de tamaño, es un tema de fundamentos, de valores. Toda empresa se dedica a relaciones de personas con personas. La criticidad del éxito depende de saber entender que detrás de un cliente hay una persona, detrás de un proveedor hay una persona, detrás de un empleado hay una persona. Esto va de relaciones con personas; de cómo generar confianza y valor a largo plazo; de compartir ese valor, esa constancia, ese rigor, ese respetar al otro; de escucharlo. Todo esto lo aprendí de mi padre en una pequeña empresa antes de llegar a DKV».

La humildad es la mejor medicina para una carrera profesional de éxito. Y de medicina sabe bastante Santacreu, que además de directivo es médico de formación. Debe ser por eso por lo que en aquella misma entrevista me dijo: «Para la salud es más importante tener un buen jefe que un buen médico». En un momento en el que una de las principales preocupaciones en las empresas es el bienestar mental de las personas y considerando el alto nivel de estrés y absentismo laboral que sufrimos hoy, esta frase me impactó. Si somos jefes, atención, porque estamos influyendo en la salud de las personas a nuestro cargo y, si tenemos un mal jefe, atención, porque nuestra salud puede estar en riesgo.

Esa idea del megaconcierto con profesionales arrogantes que se creen grandes artistas me traslada a una explicación que escuché en una ocasión al rapero y compositor Antón Álvarez, de nombre artístico C. Tangana. Si hay artista inteligente y desmesurado que haya representado como nadie la vanidad, ese es C. Tangana. A este músico formado en filosofía no he conseguido entrevistarlo, pero sí visioné un documental en el que le preguntaban sobre su relación con las personas de su entorno, y confesaba: «Los artistas recibimos tantas atenciones que el peligro que se corre es que esas atenciones te perviertan, te conviertan en una persona poco humilde, alejada de la realidad, y eso hace que puedas ser difícil de tratar, arrogante incluso con los tuyos».

Algunos ejecutivos tienen el problema del que habla C. Tangana. Con la diferencia de que este artista, te guste o no, sí es un artistazo. Hay que estar muy alerta para que esas atenciones nunca nos atonten. Como me dijo una vez el maestro Marcet, al que regreso: «Lo peor que te puede pasar en la vida es que tengas un "ataque de importancia"», porque entonces pierdes el hambre. Y si eres un buen líder o emprendedor, más vale que no tengas ataques de importancia que te maten el hambre, porque, cuando pierdes el hambre, probablemente perderás el negocio.

En estos años he conocido a buenísimos profesionales de los que he acabado teniendo una mala impresión por su falta de humildad. Se trata de ese tipo de profesionales que es habitual que no respeten tu tiempo igual que el suyo, así que te hacen esperar exageradamente para mantener una reunión acordada en fecha y hora; los mismos que no responden de forma habitual a los correos electrónicos, pero sí te escriben cuando necesitan algo; ese tipo de personas que sienten que su cargo es su gran valor. He visto cómo algunos profesionales, cuando dejan de contar con esas atenciones, cuando no tienen el refugio de la gran corporación y deben enfrentarse a la realidad de crear algo desde cero, sufren mucho. Esa nueva situación causa dolor cuando se ha tenido adormilada la humildad.

Conocemos la soberbia como efecto dañino de un exceso de confianza, pero ¿existiría algún peligro por un exceso de humildad? Parece extraño que una virtud como la humildad contenga riesgos.

Tuve conocimiento de los efectos de un exceso de humildad en una conversación con Sílvia Forés, directora de People & Culture en el Mandarin Oriental Hotel y autora de libros como *Solo puede quedar uno* y *El empleado es el rey*. Me contó que, tras muchos años en su trayectoria profesional dedicada a procesos de selección, había detectado que hombres y mujeres nos comportamos e incluso hablamos de forma diferente en las entrevistas de trabajo.

Las mujeres, con el propósito de parecer humildes, utilizan con mayor frecuencia la primera persona del plural, lo que a ojos de la persona entrevistadora puede restar credibilidad, pues no pone el foco en sus propios logros, sino en los del equipo. Usar si conviene la primera persona del singular, *yo,* en una entrevista de selección cuando lo que se valora es tu valor no significa no ser humilde. Hay mujeres brillantes que restan importancia a sus logros, y lo hacen en una entrevista de selección en la que precisamente está en juego su valía. Esa modestia al expresarnos para parecer así personas humildes tiene que ver de nuevo con algunas barreras culturales, y especialmente con ese clásico estereotipo de la mujer en un segundo plano en lo profesional que hemos heredado de nuestra historia reciente. Pues esto ocurre en la actualidad, según expertos en reclutamiento y selección.

La humildad resulta compleja, porque a menudo se nos presenta disfrazada, como un bombón en un bonito envoltorio. Existen comportamientos aprendidos que se emplean para parecer humilde cuando en realidad no son genuinos. Ser humilde es ser capaz de detectar las habilidades del otro y reconocer que no lo sabes todo.

5. Bombón generosidad

«La generosidad verdadera es así:
uno da y siempre siente
como si no le hubiera costado nada».

Simone de Beauvoir

En el trabajo, como en nuestra vida personal, conocemos a personas que identificamos como generosas y a otras que sentimos que suelen priorizar sus intereses personales. Para identificar la generosidad, me gusta fijarme en la capacidad que tienen algunas personas de generar oportunidades para los demás.

Piensa por un momento en los buenos jefes que has tenido a lo largo de tu vida. Muy probablemente no los recordarás por sus amplios conocimientos sobre una materia; lo más probable es que lo hagas porque te permitieron crecer, porque reconocieron en ti habilidades y te dejaron aprender y desarrollarlas. Eso es lo que recordamos: los aprendizajes y atenciones que recibimos, algo que en su esencia tiene que ver con servir a los demás. Lo que conseguimos en nuestra trayectoria profesional es fruto de nuestro mérito y del de las personas generosas que nos dieron oportunidades. Las personas generosas influyen positivamente en la vida de otros. El profesional generoso hace precisamente eso: generar espacios y oportunidades para que los demás crezcan. Las personas generosas no están esperando una recompensa con su acto; se sienten bien con el simple hecho de dar o ayudar, y no identifican un esfuerzo en su comportamiento.

He tenido pocos jefes porque emprendí joven, pero tuve uno que dejó una huella positiva: Félix Riera. Era productor de cine cuando yo lo conocí hace casi treinta años; un tipo elegante, intelectual y al mismo tiempo autodidacta, con sentido del humor y muchas ideas. En ocasiones podía parecer el hombre más arrogante del Eixample de Barcelona con su exquisito estilo de vida. Sin embargo, conmigo fue tremendamente generoso. Yo era entonces muy joven y carecía de experiencia, pero él supo crear el contexto para que yo aprendiera, y lo hizo permitiéndome asistir a sus comidas de negocios y a aquellas negociaciones con televisiones para vender documentales y películas. A mí aquello me parecía complicadísimo. Estuve dos años trabajando con él y sentí en todo momento que estaba aprendiendo y que a él le interesaban mis opiniones. No sé si lo hacía consciente de su generosidad, pero gracias a aquella experiencia entendí la grandeza y a la vez la dificultad de comercializar lo intangible. Aprendí con él cómo vender contenido de valor en proyectos de cine y televisión, lo que me serviría después en mi carrera profesional para hacerlo en otros formatos: papel, digital, eventos, pódcast, etc.

Si eres líder de un equipo y en el futuro próximo no hay personas de tu departamento que promocionen y evolucionen en la empresa, muy probablemente no estés siendo lo suficientemente generoso. Liderar bien tiene como responsabilidad la creación de nuevos líderes, y eso solo ocurre cuando existe un liderazgo generoso.

Una de las clasificaciones que me parece más precisa en materia de generosidad en una compañía es la del psicólogo organizacional y profesor Adam Grant, quien clasificó a las personas en: *takers*, para quienes prima su interés personal, que van a la suya; *matchers,* que equilibran siempre lo que dan y lo que reciben a cambio, y los *givers*, los generosos que aportan mucho más de lo que reciben. En nuestros trabajos y en nuestra vida personal con amigos y familiares, es fácil identificar a las personas siguiendo esta clasificación.

Algunos piensan en la generosidad como un valor que está fuera de la órbita de la gestión empresarial y de los negocios, pero es justamente lo contrario: la generosidad desempeña un papel esencial en el emprendimiento y el espíritu empresarial. Diferentes estudios han determinado que los ecosistemas generosos tienen ventajas competitivas y que la generosidad puede llegar a influir tanto como la estrategia en los negocios. Existen modelos de éxito empresarial en los que se crea valor en el mercado a través de la generosidad de compartir información y recursos con el objetivo de lograr un mejor servicio al usuario. Generosidad y competitividad están íntimamente relacionadas. Se requieren líderes generosos, auténticos *givers*, para crear empresas generosas.

Liderar bien es desarrollar las actitudes bombón. Un comportamiento valiente, curioso, flexible, humilde y generoso nos acerca al objetivo que perseguimos. Necesitamos estas actitudes para convertirnos en profesionales bombón. Con profesionales bombón se crean empresas bombón; con empresas bombón se generan progreso y un mundo mejor.

La comunicación, esa poderosa herramienta para el liderazgo, es como un bombón.

LA COMUNICACIÓN		EL CHOCOLATE
Nuestra comunicación es capaz de influir en los estados de ánimo de los demás.	< >	Eleva los niveles de serotonina en el cerebro, el regulador de los estados emocionales.
El líder, a través de su comunicación, es capaz de aliviar el estrés de los equipos.	< >	Alivia el estrés y mejora el humor.
Con nuestra comunicación podemos provocar el disfrute de las personas en el trabajo.	< >	Es fuente de tirosina, el precursor de la dopamina, neurotransmisor de la felicidad y el placer.

5
Las bombón *skills* que multiplican la empleabilidad

«Cuando somos capaces de conocernos a nosotros mismos, rara vez nos equivocamos sobre nuestro destino».

Anne Louise Germaine de Staël

Al hablar de liderazgo y emprendimiento, se enumeran un montón de habilidades con las que todo profesional ha de contar para que su negocio tenga éxito. Se suele decir que alguien que emprende debe ser innovador, resolutivo, ambicioso, apasionado, empático, ahora también tecnológico... Encontramos cientos de artículos en los que se habla de esas características indispensables para tener éxito si se decide liderar un negocio. El *clickbait* (cebo para conseguir clics) y nuestra tendencia a estereotiparlo todo han hecho mucho daño a la generación de buenos contenidos. No me parece mal que se listen todas esas cualidades, siempre deseables para los que deciden emprender, pero, si nos paramos a pensar, resulta una perniciosa limitación.

¿Es que todas esas habilidades no son válidas y necesarias para cualquier persona que quiera mejorar su empleabilidad?

Ya sabes a estas alturas que defiendo el hecho de emprender como una actitud ante la vida. Si quieres construir un futuro prometedor, será buenísimo si desarrollas determinadas cualidades, que algunas personas ciertamente hemos entrenado gracias al emprendimiento y al ejercicio de estar al frente de una compañía. Entiendo que alguien que monta un negocio corre un riesgo si no las tiene, pero ¿acaso no es un riesgo, trabajes donde trabajes, que no seas una persona apasionada, empática, resolutiva, innovadora y ambiciosa en tu trabajo?

Únicamente hay una excepción en la que no existe riesgo alguno: si entiendes tu trabajo como un simple medio para la obtención de los recursos necesarios para vivir, si no tienes ambición de mejora, si no aspiras a crecer, si estás bien como estás, haciendo bien tu trabajo y poco más, si todas tus pasiones están fuera del ámbito de tu trabajo, entonces, efectivamente, no hay riesgo. Pero en el caso de que quieras disfrutar de tu trabajo y crecer, tendrás que dedicar tiempo y esfuerzo a entrenar todas esas cualidades que el emprendedor desarrolla porque no tiene más remedio que hacerlo.

1. Competencias clave para la empleabilidad

Si hay una mujer en España que domina el concepto de empleabilidad, es Pilar Llácer, experta en RR. HH. Es filósofa y autora de libros como *Te van a despedir y lo sabes* y *Te van a contratar y lo sabes*. Me centraré en este último, en el que desarrolla las nueve competencias clave de la empleabilidad sostenible. Llácer y yo tenemos una bonita coincidencia, hemos nacido el mismo día, un 20 de abril de la década de 1970; sin embargo, no coincidimos en algo que puede llegar a ser relevante en la trayectoria profesional de cualquier persona: a Llácer la han despedido varias veces del trabajo y a mí ninguna. Para ella esos despidos han sido una lección de aprendizaje, así que quizás, pensándolo bien, es una enorme desventaja que nunca me hayan despedido. Su experiencia con los despidos y sus investigaciones en el área de Personas la han llevado a determinar cuáles son las nueve competencias que hoy debe tener una persona para ser «resistente a los vaivenes del mercado de trabajo, para ser siempre empleable y atractiva en el entorno laboral». Las nueve competencias que la autora define son: ambición, anticipación, coherencia, creatividad, actitud comercial, curiosidad, actitud digital, ser realista y templanza.

Por supuesto, sabemos que estas competencias han de ir acompañadas de conocimientos: «Los conocimientos constantes, diversos y continuos son los que crean, impulsan y generan la actitud».

Lo importante es tener claro que, una vez adquiridos los conocimientos en cualquier materia, las competencias se pueden aprender y desarrollar. Cuando descubrí estas nueve competencias que ella define muy bien en su libro, confirmé que efectivamente están muy presentes cuando emprendes. Si no las tienes ni las entrenas, tu negocio muy probablemente fracasará. El emprendedor sabe que, si no se ocupa al máximo de su empleabilidad, su proyecto está en riesgo. La supervivencia provoca que la mayoría de las personas que están al frente de empresas desarrollen estas nueve competencias.

La mejora en nuestra empleabilidad es algo que todos deberíamos tener en consideración durante toda nuestra vida, estemos en desempleo o trabajemos por cuenta ajena o por cuenta propia. Nuestra empleabilidad nos debería preocupar siempre. Si consideramos el aumento de la esperanza de vida, la prolongación de la vida laboral y la ineficacia de los sistemas de pensiones —algo sobre lo que ya han alertado la mayoría de los expertos al considerarlos inviables—, esta es una cuestión seria. Por tanto, parece irresponsable por nuestra parte no pensar en estar siempre, de algún modo, mejorando nuestra propia empleabilidad para garantizarnos ingresos suficientes.

Es muy posible que en algunas de esas nueve competencias estemos mejor que en otras. La buena noticia es que, si nos lo proponemos, en todas tenemos posibilidad de aprendizaje. No hay excusas, aunque a veces las encontremos: «Es que yo no soy nada creativo ni lo necesito para mi trabajo», «Uf, yo no sabría vender ni me gusta», «Es que no me gusta nada la tecnología ni me lo piden en mi trabajo», etc.

Todo avance en nuestra empleabilidad nos acerca a un futuro mejor.

Si somos sinceros con nosotros mismos, detectaremos que en alguna de las cualidades seguramente podemos mejorar. Dice Llácer en su libro: «Su exceso o defecto [el de las nueve competencias], al igual que las virtudes aristotélicas, son perjudiciales y no dan resultados correctos».

¿Crees que tienes exceso o defecto de algunas de las nueve competencias de la empleabilidad sostenible? ¿Con cuál de las competencias te relacionas peor? ¿Cómo podrías mejorar y desarrollar esa competencia que tienes más débil?

La lista de habilidades que se consideran necesarias para las personas que emprenden es larga, y resulta obvio que estas tienen las mismas bondades para emprendedores que para cualquiera que desee impulsar su trayectoria profesional. No quiero repetirme sobre todas esas habilidades, pero me voy a detener en dos que para mí son esenciales.

Soy consciente de que no es correcto juzgar a las personas por una primera impresión, aunque voy a confesarte que habitualmente etiqueto a las personas en función de si tienen o no dos habilidades sociales que en mi opinión conducen al éxito. Son habilidades que detecto en los primeros minutos de una conversación. Se trata de las irresistibles bombón *skills*, impulsoras de nuestro futuro y multiplicadoras de oportunidades, dos habilidades que, como ocurre con el relleno de un bombón en nuestro paladar, explosionan nuestra carrera profesional.

> Comunicar bien y saber vender son las bombón *skills* que multiplican nuestra empleabilidad.

Con *comunicar bien* no me refiero a convertirse en presentador de televisión ni en un experto maestro de ceremonias en eventos. Y con *saber vender* no hablo de esa habilidad necesaria para formar parte de un Departamento de Ventas. Comunicar y vender es mucho más que lo que hacen periodistas y comerciales. Todos nos pasamos el día comunicando y vendiendo.

Independientemente de nuestro trabajo, seamos ingenieros, médicos, abogados, profesores, directivos, tenderos, camareros, periodistas, farmacéuticos o administrativos, o incluso si estamos en búsqueda de empleo, todas las personas nos pasamos el día comunicando y vendiendo. Muchas de las cosas que nos suceden en la vida dependen de cuánto y cómo sabemos hacer ambas cosas.

Un abogado que sabe comunicar mejor que otro argumentará con maestría y tendrá más posibilidades de ganar juicios. Un camarero que no solamente transporta platos, sino que sabe vender tendrá más posibilidades de llegar a ser *maître*. Una persona en búsqueda de trabajo que comunique y se venda bien a sí misma conseguirá antes el empleo deseado. Un médico que comunica bien con sus pacientes estará haciendo una gran labor social... Y así con todas las profesiones y circunstancias que imaginemos. Son muchos los beneficios que obtenemos cuando sabemos comunicar y vender, y no únicamente económicos, que por supuesto, sino también beneficios para nuestro propio bienestar y felicidad.

Comunicación y Ventas son áreas vinculadas a la gestión, de modo que han estado en el ámbito académico tradicionalmente asociadas a las ciencias sociales. Nuestro sistema educativo, con la clásica separación de las denominadas *letras y ciencias*, ha obviado el desarrollo de estas habilidades en determinados programas de estudios y consecuentemente ha invalidado su conocimiento y habilidad en millones de profesionales.

En uno de los mejores libros de empresa que he leído recientemente, *Pensadoras y visionarias,* su autor, Santiago Íñiguez de Onzoño, presidente ejecutivo del IE University y considerado una de las principales voces del *management*, nos inspira sobre esta cuestión: «En la Universidad de Stanford *fuzzies* es la expresión con la que se designa a los estudiantes de ciencias sociales y humanidades y *techies,* la aplicable a las ingenierías y ciencias. A pesar de estos motes, que prolongan el síndrome de las dos culturas, hay muchos emprendedores tecnológicos con formación en humanidades [...], las humanidades son también importantes para otras profesiones. Como explica el economista de la Universidad de Harvard, David Deming, tras realizar una significativa investigación sobre el valor de las habilidades interpersonales (*soft skills*), en el mercado laboral resulta que las ocupaciones cognitivas de más rápido crecimiento (gerentes, profesores, enfermeras y terapeutas, médicos, abogados e incluso economistas) requieren una interacción interpersonal significativa».

El autor nos ilustra en este libro sobre los beneficios del estudio de las humanidades en la gestión de las empresas. El conocimiento en literatura, arte o historia, lejos de lo que podría parecer, en realidad favorece la innovación y los negocios. He recogido este fragmento concretamente porque me recuerda el gran beneficio que suponen las habilidades interpersonales también para las disciplinas consideradas de ciencias (medicina, ingeniería, informática, etc.). Cómo hubiera deseado que el oncólogo que atendió hace diez años a mi padre en su proceso de cáncer cerebral hubiera estudiado la habilidad de la comunicación, en su plan de carrera.

Íñiguez de Onzoño sugiere en el mismo capítulo del libro: «Imaginemos que en lugar de prolongar el abismo entre estas dos culturas (ciencias-letras) se impulsara una formación que combinara el estudio tanto de las ciencias naturales como de las humanidades con el objetivo de fomentar el desarrollo integral de la personalidad [...]. Las humanidades nos proporcionan los recursos intelectuales para comprender mejor a nuestros semejantes, fortaleciendo al mismo tiempo nuestra capacidad de liderazgo».

Este último fragmento de esta obra me provoca un dilema: ¿es nuestra personalidad la que ha definido nuestros estudios o podrían nuestros estudios moldear nuestra personalidad?

Posiblemente ambas cuestiones tengan un papel importante en nuestras vidas. Algunas características de nuestra personalidad nos predisponen a determinados estudios, pero también nuestro dominio y habilidad social se va moldeando a lo largo de nuestra vida y trayectoria profesional. Lo que está claro es que las habilidades interpersonales de la comunicación y la venta se aprenden y siempre van a sumar, sean cuales sean la personalidad, los estudios y la profesión.

Del mismo modo que el estudio de las humanidades favorece el desarrollo de empresarios, directivos y emprendedores más completos, reivindico el dominio de la comunicación y la actitud comercial de todo profesional. Las habilidades bombón nos permiten entender mejor a las personas y nos ayudan a acercarnos a nuestras metas y a mejorar nuestro liderazgo y además contribuyen a una sociedad de mayor progreso y bienestar.

Comunicar bien y tener actitud comercial, independientemente de si nuestros estudios han sido de letras o de ciencias, nos impulsa a crecer y evolucionar como personas y profesionales.

Las dos bombón *skills* se parecen en que multiplican nuestra empleabilidad, pero se diferencian en su reputación. La mayoría de nosotros hemos interiorizado que la comunicación es una herramienta positiva en nuestras vidas y que en lo profesional nos conviene ser buenos comunicadores; sin embargo, no ha ocurrido lo mismo en nuestro país con la venta. Conozco a pocas personas a las que de entrada no les seduzca la idea de ser mejores comunicando, pero a bastantes que huyen de la venta como si de la peste se tratase. La comunicación es una habilidad mucho más deseada que la de saber vender. Sin embargo, no existirían empresas si no hubiera personas con experiencia y sabiduría en el encomiable oficio de vender. Para mí saber vender y hacerlo éticamente es la clave del progreso como sociedad. Cuando digo *saber vender* me refiero a algo más que a una transacción económica. Saber venderse a uno mismo y saber vender es clave y una carencia habitual. Confundimos a veces saber venderse con ser pretencioso o mostrar ego, cuando en realidad es mostrar el valor propio.

2. Saber vender, saber influir

Saber vender es influir. En este momento en el que los grandes expertos en *management* nos recuerdan la necesidad de evolucionar nuestro liderazgo y que la clave para ello es pasar del *mandar* al *influir*, sepamos que la venta es influencia.

Saber vender implica no tener vergüenza a hablar de dinero en una reunión, algo que, aunque parezca increíble, aún detecto en conversaciones profesionales. Vender es seducir, persuadir. Saber vender es negociar, convencer, lograr un objetivo. ¿Hay alguien a quien no le apetezca conseguir sus objetivos? ¿Alguien a quien no le guste agradar a los demás?

Hace un tiempo escuché a una conocida presentadora de televisión afirmar que todos salimos de casa para que los demás nos deseen, para gustar. Según ella, en realidad todos queremos impresionar. Me llamó la atención su sinceridad al confesarlo. Sin embargo, esta idea contrasta con una reflexión profunda que me ha llegado mientras escribo este libro y que quiero compartir.

A Juan Ferrer, a quien he nombrado anteriormente, lo conocí recientemente en un evento en la escuela de negocios de la Cámara de Comercio de Madrid en el que yo le entrevistaba ante un grupo de directivos. Al finalizar el acto, le confesé que había devorado su libro en una tarde-noche y me atreví a contarle que yo también estaba escribiendo. Le expliqué mis dificultades para avanzar porque abandonaba continuamente la escritura pensando que no era interesante lo que escribía (mi saboteador interno del hexágono de la determinación).

Entonces Ferrer me hizo una sugerencia que me está guiando en estas páginas y que me parece un consejo de vida: intenta ser útil más que impresionar. En ese deseo de gustar a veces perdemos el sentido. Me dijo este experto en gestión del cambio: «Te resultará más sencillo escribir si dejas de buscar tu autoestima en la opinión de otros. En cambio, si buscas ayudar, eso te dará una libertad en la que pondrás tu talento y tu trabajo al servicio de los demás. Y el libro saldrá». Si tienes en tus manos el libro y al finalizar la lectura en algo te ha resultado útil, es que su consejo funcionó. Gracias, Juan, por tu gran recomendación y por ser mi magnífico *coach* en este proceso de convertirme en autora.

Efectivamente, impresionar nos provoca una exigencia constante, nos genera estrés, desgaste, mientras que la idea de servir a los demás activa el disfrute y nos libera de la presión.

Este objetivo de resultar de utilidad que me trasladó Ferrer es también el que debe guiarnos en el saber vender. No podemos perder de vista que la venta es ser útil. La buena venta persuade porque escucha las necesidades del otro; de esa forma estamos aportando algo a los demás, y es entonces cuando conseguimos impresionar, seducir. La venta, a veces tan denostada, resulta tremendamente sugerente. Una buena venta combina aspectos emocionales con argumentaciones lógicas y es capaz de impresionar al mismo nivel que lo haría el mejor de los gurús. ¿Qué hace un gurú? Comunicar bien y vender su autoridad intelectual.

Exponerse al público, sea una audiencia de treinta, de trescientos o de tres mil personas, y sumar experiencia en un Departamento de Ventas son tareas que todos deberíamos hacer en nuestra vida durante un período de tiempo, sea cual sea nuestra profesión. Entrenarnos como comunicadores y aprender de los comportamientos humanos en el área comercial deberían ser paradas obligatorias en nuestras carreras profesionales. Las dos actividades son una fuente de aprendizaje inagotable. Tendríamos que formarnos todos mínimamente en comunicación y en ventas. Su saber, de un modo u otro, aplica a todas las profesiones.

En una ocasión entrevisté a Cosimo Chiesa, empresario italiano residente en España y una de las referencias mundiales en el ámbito de la venta. Me dijo: «El departamento comercial debe ser un lugar de paso obligatorio para cualquier profesional que aspire al liderazgo. Y si no lo ha sido, entonces cuando llegues a director general tendrás que dedicar un tiempo a "patearte la calle"».

Me gustó que coincidiéramos en esa idea. Sin embargo, retrocedo algo en la línea del tiempo, pues creo que tanto la habilidad comercial como la comunicación tendrían que estar incluidas a modo de asignaturas en la etapa escolar y posteriormente contempladas en todo plan de estudios universitario, tanto en el programa de las denominadas *carreras de letras* como en el de las *carreras de ciencias*. No nos preparan ni en la escuela ni en la universidad para aprender a comunicar bien, ni nos enseñan a optimizar nuestra inteligencia emocional en favor de la venta e influencia que después tanto se requieren en el entorno empresarial.

Manejar la comunicación y tener una actitud comercial te resultarán de gran utilidad para múltiples situaciones en la vida: relacionarte mejor con los demás, escribir un discurso para una celebración familiar, preparar una presentación para un congreso, abordar con éxito una entrevista de trabajo, afrontar conversaciones difíciles en el trabajo y en casa, solicitar un aumento de sueldo... Cientos de situaciones en la vida nos exponen a retos en los que nuestra habilidad para comunicarnos, vendernos y vender es clave.

Vamos primero con la comunicación, que es para mí la más exquisita de las habilidades bombón. Las razones son estas:

- Porque el dominio de la comunicación multiplica nuestra empleabilidad y hace brillar nuestro talento.
- Porque no hay buen liderazgo posible sin un buen dominio de la comunicación.
- Porque comunicación es conexión, y conectar con los demás nos permite vivir mejor.

Comunicarte mejor puede cambiar tu vida, y es el título del siguiente capítulo, en el que te espero impaciente.

6
Comunicarte mejor puede cambiar tu vida

«El que sabe pensar pero no sabe expresar lo que piensa está al mismo nivel que el que no sabe pensar».

Pericles

¿Te consideras un buen comunicador? ¿Del 1 al 10 qué nota te pondrías como comunicador?

Sea cual sea la nota que mentalmente te has puesto, no quiero engañarte con las expectativas. Con la lectura de estas páginas no obtendrás hoy mismo mejor puntuación en cuanto a tus habilidades comunicativas, pero sí podrás reflexionar sobre el poder del lenguaje en tu vida, tu papel como comunicador y tus posibilidades de mejora. Para que, si lo deseas, puedas poner en marcha tu plan de mejora, comparto en este capítulo algunos de los ingredientes que a mí me han funcionado en todos estos años dedicados a la comunicación.

La comunicación es la mejor aliada para conseguir nuestros objetivos. Una buena comunicación contigo mismo puede cambiar tu vida, y una mejor comunicación con los demás te proporcionará bienestar y felicidad.

Todas las personas podemos mejorar en lo que nos hace únicas: nuestra comunicación. La comunicación nos define; a través de nuestro lenguaje, expresamos lo que somos y lo que sentimos. El escritor y filósofo chileno Humberto Maturana, quien estudió el campo del lenguaje, define nuestra comunicación como algo más que un sistema de transmisión de información. El lenguaje, nos dice Maturana, es capaz de transformar nuestra realidad. Las conexiones neuronales del lenguaje influyen incluso en nuestro organismo. Consecuentemente, la forma en la que nos comunicamos es capaz de transformar nuestro cuerpo y nuestro destino. Ya existen investigaciones que vinculan nuestro lenguaje con la longevidad; te lo contaré más adelante.

Quiero compartir en este capítulo algunas ideas sobre el poder de la comunicación, pero no solo de la interpersonal, la que utilizamos con los demás, sino también de nuestra comunicación intrapersonal, la que usamos con nosotros mismos. En las siguientes páginas presto atención a la comunicación como transmisora de emociones y vehículo para expresar nuestra autenticidad. Como remate, compartiré el que es para mí el Decálogo de la comunicación que conecta. Pero antes de esta ruta, me permito un apunte histórico que nos trasporta a la belleza de la Antigua Grecia. El sentido de la belleza en el mundo griego no solo consideraba lo exterior de las formas, sino también la belleza del alma. Aparece de nuevo aquí la metáfora del bombón.

Ese sentido completo y armónico de la belleza griega me recuerda lo sugerente que es un buen dominio de la comunicación, irresistible virtud capaz de contener en su interior la autenticidad de las personas, poderosa herramienta a lo largo de los siglos.

1. La comunicación, ayer y hoy: de Pericles a Vicente Vallés

Quinientos años antes de Cristo, en la Antigua Grecia, la comunicación ya se consideraba una herramienta clave para la consecución de cualquier objetivo. Así la entendió Pericles, responsable del esplendor de Atenas en la Grecia Clásica. A él, estratega y político, lo apodaron el Olímpico por sus dotes como buen orador y su imponente voz. Pericles hizo de la comunicación su mejor aliada para convencer y gobernar con éxito la Asamblea ateniense. Su período se reconoce como el siglo de oro de Atenas, en el que se reconstruyeron, tras los destrozos de los persas, grandes obras públicas, como el Partenón.

De Pericles es la frase: «El que sabe pensar pero no sabe expresar lo que piensa está al mismo nivel que el que no sabe pensar».

Dos mil quinientos años después de Pericles, afortunadamente hemos interiorizado el poder de la comunicación como esa potente herramienta para el liderazgo de los equipos y de nuestra propia vida.

Sin embargo, a pesar de todo lo que sabemos sobre las bondades de la comunicación, muchos profesionales se sienten inseguros cuando deben comunicar públicamente. Incluso huyen de la exposición. En el ámbito del talento y la selección de personas, durante mucho tiempo las habilidades comunicativas se han considerado deseables pero no imprescindibles para muchos puestos de trabajo. Algunos máximos responsables de empresas tienen escasas dotes comunicativas. Hay profesionales que son auténticas eminencias en lo suyo pero que flaquean en la habilidad del lenguaje.

Solo desde hace algunos años, quizás alentados por el auge del concepto de marca personal y de la madurez de las redes sociales, estamos viendo cómo algunos altos directivos de reconocidas compañías tienen presencia activa en las redes sociales. Algunos pocos CEO se han convertido en auténticos creadores de contenidos, acumulando seguidores y fanes. Recordemos que hace apenas unos años eran escasos los presidentes y directores generales de empresas que estaban presentes en las redes sociales, incluso tratándose de redes profesionales como LinkedIn. Esto últimamente está cambiando.

La era de la transparencia y el contexto social han provocado que buena parte de los responsables de las organizaciones se atrevan a exponerse y a comunicarse sobre sus inquietudes profesionales. Los estudios que facilita la organización Corporate Excellence, dedicada a la reputación de las marcas, avalan que la estrategia y la habilidad comunicativa del máximo responsable de una compañía tiene notable incidencia en la reputación de la marca y en la cuenta de resultados de la empresa. Cuando los directivos tienen redes sociales e interactúan con su comunidad, la reputación de la organización es hasta 7.3 puntos mejor que cuando son desconocidos. Me sorprende que los atrevidos sean todavía pocos, considerando la evidencia de la ventaja competitiva que ofrece la comunicación. «El arte de la comunicación es el lenguaje del liderazgo», como dijo el autor de tantos discursos presidenciales de Estados Unidos, James Humes. El mejor embajador de una empresa es siempre su líder. Esto aplica a grandes compañías, a medianas empresas y a microempresas. Dominar la comunicación solamente puede sumar.

No hace falta acudir a estudios sobre el vínculo entre la reputación de los empresarios y el éxito de sus compañías para confiar en la ventaja que nos ofrece el dominio de la comunicación. Basta con fijarnos en nuestro entorno: todos tenemos algún amigo, familiar o contacto profesional que tiene habilidades comunicativas que lo han favorecido para alcanzar el éxito. Una vez un experto en RR. HH. me dijo que la comunicación podría llegar a considerarse una *habilidad halo*, es decir, con la capacidad de deslumbrar tanto que podría influir en la impresión que tenemos de alguien y en lo que verdaderamente es. Nunca lo había visto de ese modo, pero tiene mucho sentido. Para mí, es la más dulce de las habilidades, como un bombón de chocolate negro cargado de beneficios para la salud y nuestra felicidad.

La comunicación, hasta hace poco calificada de *soft skill*, ha pasado a ser la *power skill* y, como ocurre con todo lo que es poderoso, puede utilizarse bien o mal.

¿Qué pensaría Pericles si escuchara cómo utilizan la comunicación y el lenguaje sus homólogos, nuestros políticos del siglo XXI?

Probablemente se sorprendería bastante de ese uso del lenguaje despectivo, a veces hasta insultante, al que nos tienen habituados la mayoría de nuestros políticos. Sabemos y hemos normalizado que en política abundan la comunicación hiriente, la burda ironía, la sorna, incluso el tono gritón. No deberíamos perder la esperanza de unos políticos con un manejo más sabio, respetuoso y cuidadoso del lenguaje.

Tengo la sensación de que esa esperanza como sociedad la hemos perdido. No olvidemos que los políticos son quienes, a través de su poder, deben garantizar el bien común, así que todos tenemos un grave problema si su comunicación está obstaculizando su principal razón de ser. La comunicación en política resulta decisiva para el entendimiento y el diálogo, pilares de la convivencia. Me entristece ser testigo de cómo esta disciplina a la que algunos nos dedicamos con pasión, la comunicación, es para la mayoría de los políticos una perfecta arma de destrucción más que de conexión y diálogo.

Hemos asumido que en el Congreso de los Diputados se hable de forma violenta. Aunque seamos autocríticos, ¿cómo hablamos en las empresas y en nuestros hogares? ¿Quién no ha tenido un jefe con escasas dotes comunicativas, con un lenguaje poco positivo o incluso despectivo? ¡Hay mucho líder suelto que suelta cada cosa!

Se cumplen diez años desde que junto a mi equipo me adentré en el ámbito del bienestar corporativo. Hace una década no había tantos medios de comunicación tratando el tema del bienestar laboral y tampoco habíamos vivido una pandemia mundial, así que puedo decir orgullosa que fuimos pioneros. Creamos la comunidad digital www.miempresaessaludable.com generando contenidos y eventos vinculados al bienestar en las organizaciones. En estos diez años hemos aprendido mucho y seguimos haciéndolo. Primero tratábamos temas de actividad física, nutrición y bienestar emocional. En un momento dado detectamos que cada vez eran más las empresas que financiaban y regalaban a sus empleados dorsales de carreras populares con el objetivo de animarlos a cuidarse y a correr. Como aficionada a correr, esa me parece una gran idea. Sin embargo, pronto nos alertó la posibilidad de que pudiera existir una incongruencia en los programas de bienestar de las empresas.

¿Qué pasa si te financian el dorsal, pero tu jefe te habla mal, si utiliza un lenguaje poco saludable? La comunicación puede ser fuente de bienestar o de malestar. De poco sirve que nuestra organización nos anime a estar en forma físicamente promocionando cualquier actividad física si la comunicación, la forma de expresarnos en el seno de las compañías, puede estar provocando malestar emocional en las personas.

Esta inquietud fue la que me permitió conocer a María González Romero, autora del libro *Debajo de las palabras* y especialista en comunicación no violenta (CNV). Cada año desde la comunidad *Mi empresa es saludable* organizamos un evento que reconoce las mejores prácticas en bienestar corporativo de las organizaciones. Teníamos entre manos la preparación del programa de ponentes para ese evento y nos parecía interesante para nuestra audiencia (profesionales de lo que hasta hace poco denominábamos Departamento de RR. HH., ahora de Personas o Cultura) tratar la cuestión: ¿cómo hablamos en nuestro entorno laboral?, ¿cómo influye nuestro lenguaje en nuestra salud? Así es como decidimos invitar a esta autora, y yo tuve la oportunidad de conversar con ella.

Antes de entrevistarla, quise leer su libro. Me habían chivado que es hija de Felipe González, político español, gran orador, claramente un Pericles del siglo XX. No voy a negar que empecé a leerlo con cierta curiosidad, pues no cae cada día en tus manos un libro escrito por la hija de un expresidente de tu país.

En las primeras páginas, la autora describe qué es realmente esto de la CNV: «Para que os hagáis una idea rápida de esto, la CNV sirve para transformar la mierda en abono... Transformar la dificultad, la tensión, la distancia, la incomprensión, en oportunidades para acercarme al otro, para generar conexión, para alimentar la relación o para ofrecer empatía. Y también para hacer eso mismo hacia dentro, conmigo».

¿Quién no conoce esa mierda en nuestro día a día en las empresas, en nuestras casas e incluso con nosotros mismos? Todos en algún momento no entendemos a nuestra pareja o no nos entendemos ni a nosotros mismos, nos parece que nuestro jefe o compañero de trabajo nos han hablado mal o nos sentimos incomprendidos y sufrimos por ello.

La dificultad, la tensión, la distancia, el reproche, la culpa y la incomprensión están presentes en nuestra vida, tanto en entornos laborales como domésticos. Aprender una nueva forma de comunicarnos con los demás y afrontar conversaciones difíciles gracias a la CNV me pareció una oportunidad. Gracias a González descubrí al psicólogo estadounidense Marshall Rosenberg, creador del concepto de la CNV. Para entender la diferencia entre la comunicación violenta y la no violenta, él utiliza dos animales: los chacales y las jirafas. El chacal con su lenguaje juzga, compara, exige, acusa, critica, culpabiliza, busca tener la razón; representa el lenguaje violento. Tiene un estilo de comunicación de dominancia, emite juicios, interpreta la realidad como correcta o equivocada. La jirafa, por su parte, con su cuello largo simboliza la capacidad de observar sin juzgar. Posee un corazón capaz de bombear sangre hasta su cerebro, de forma que escucha lo que sucede en su interior y lo hace desde el corazón en lugar de desde su mente. La jirafa se expresa con empatía y aceptación. Las jirafas se alimentan de acacias, plantas con espinas puntiagudas, pero poseen una protección especial, una lengua larga y gruesa, labios fuertes y una saliva espesa y pegajosa que hace que esas espinas no les dañen. Buena metáfora para interpretar que, como les pasa a las jirafas, nosotros también debemos conseguir que las palabras, que a veces son como acacias puntiagudas, no nos hieran, ni herir nosotros a los demás.

¿Eres chacal o jirafa? Todos en determinados momentos somos chacales; nos instalamos en el lenguaje de la queja, la culpa, la comparación. Es conveniente identificar nuestro chacal interior, abandonarlo y poco a poco ir desarrollando las habilidades de ese admirable y bello animal que es la jirafa para que nuestro lenguaje sea más afectivo, cuidadoso y generoso.

El día que entrevisté a González no pude renunciar a la tentación de preguntarle a ella, que creció en su juventud entre discursos políticos, cómo veía el actual uso del lenguaje en la política. La respuesta fue poco esperanzadora: vino a decirme que actualmente en el ámbito político abundan los chacales y escasean las jirafas. La respuesta la presagiábamos todos los que estábamos en la sala.

Precisamente sobre política y comunicación había tenido ocasión meses antes de conversar con el reconocido periodista Vicente Vallés, con quien muchos cenamos a diario mientras nos cuenta lo que pasa en el mundo. Me pareció una suerte poder sustituir la comunicación unidireccional a la que nos limitan los telediarios por una conversación con él en vivo y fuera de la pantalla. Y doble suerte, porque en aquella ocasión iba a ser yo la que le hacía las preguntas. La conversación trató temas de política internacional y del liderazgo de personajes como Putin y Trump, temática que el director de informativos de A3 domina bien. Acabé la entrevista y le pregunté: «¿Cuáles son para ti las cualidades de un buen líder?». Esto es lo que me respondió el que es hoy uno de los rostros más conocidos de la televisión en nuestro país, Vicente Vallés:

- En primer lugar, un líder debe ser una persona resolutiva. Necesitamos jefes que tomen decisiones, aunque sean equivocadas; un líder debe resolver.
- En segundo lugar, el líder se ha de ganar la confianza de las personas a través del respeto por sus conocimientos, su capacidad de trabajo y su experiencia. Me refiero a su credibilidad y ejemplaridad.
- Por último, tiene que contar con una buena capacidad comunicativa. Esa habilidad podrá beneficiar mucho a la empresa en la

comunicación hacia el exterior y hacia dentro con las personas de la organización. Es cierto que han existido líderes muy buenos que no han sabido comunicar, pero en estos tiempos resulta necesario combinar el respeto ganado a través de la profesionalidad con las habilidades comunicativas. En España en esta cuestión hemos sido un poco más lentos que en otros países; debemos acelerarlo.

Después de esta descripción de las cualidades del buen líder, Vallés añadió: «Los jefes que se imponen por la fuerza, que creo que aún hay, incluso cuando los resultados son exitosos, al abandonar su actividad empresarial nunca dejan un buen recuerdo en las personas con las que trabajaron, aunque tampoco creo que eso les preocupe demasiado».

Esta última idea de Vallés sobre la huella que dejan en nosotros los jefes me recuerda la célebre frase de la escritora estadounidense Maya Angelou: «La gente olvidará lo que dijiste, olvidará lo que hiciste, pero nunca olvidará cómo la hiciste sentir».

Se trata de una bonita frase que conviene matizar. Si lo pensamos bien, ¿qué herramienta tenemos para ese hacer sentir a las personas?

Nuestra comunicación, verbal y no verbal, nos permite transmitir emociones a los demás.

El mayor poder de la comunicación es precisamente esa capacidad de generar conexión emocional con otra persona.

2. ¿Comunicación y emoción son entonces lo mismo?

Con nuestro lenguaje, con nuestras palabras, podemos generar odio, rencor, alegría, ternura... Todas las emociones podemos provocarlas con lo que decimos. Solamente hay que hacer la prueba un día corriente: entra por la puerta del trabajo y dile algo positivo sobre una de sus virtudes a alguien de tu equipo, llama por teléfono a una amiga simplemente para expresarle con bonitas palabras cómo te alegras de vuestra amistad o escribe un emotivo wasap al acabar el día a un familiar al que estés agradecido. En todos los casos, les harás sentir una emoción; sencillo pero práctico. Lo habrás conseguido a través de tu comunicación.

Es a eso a lo que se refiere la poeta y activista por los derechos civiles Angelou. Lo que deja poso en nosotros son las emociones que los demás son capaces de despertarnos. Esa es la buena comunicación, la que emociona, la que conecta.

Si hay una emoción que todos los seres humanos perseguimos, es la felicidad. Y si hay un estudioso e investigador del lenguaje de la felicidad en nuestro país, es Luis Castellanos. Precisamente *El lenguaje de la felicidad* es el título de uno de sus libros.

Me impresionó la primera vez que lo entrevisté porque su discurso incorpora datos científicos. En materia de comunicación es sabido que se dicen muchas cosas, pero muy pocas basadas en investigaciones científicas. Sin embargo, el trabajo de Castellanos pone ciencia al lenguaje. De hecho, otro de sus libros lleva por título *La ciencia del lenguaje positivo*.

A través de Castellanos descubrí el denominado *estudio de las monjas*, que llevó a cabo el doctor David A. Snowdon con 678 religiosas de Notre Dame en Mankato, Minnesota. Esta investigación estaba orientada al estudio de la enfermedad de Alzheimer. El estudio de los cerebros de estas monjas, quienes habían donado su cuerpo a la ciencia, determinó que buena parte de ellas tenían el marcador de esta enfermedad, aunque no se les había manifestado. Resultó que las monjas habían escrito sus autobiografías, lo que permitió a un equipo de expertos analizar el lenguaje, las expresiones y las emociones que transmitían sus escritos. Las conclusiones del estudio determinaron el vínculo existente entre el lenguaje que utilizamos y nuestra longevidad y calidad de vida. A más expresiones positivas, más años de vida. Sería algo así como: «Dime qué palabras utilizas y te diré cuántos años vas a vivir» o «Dime cómo hablas y te diré cómo vas a ser de feliz».

El uso del lenguaje positivo es una buena herramienta para lograr el futuro que soñamos, pues nos permite tener el control sobre nuestra historia. Una de las grandes reflexiones que nos propone este filósofo e investigador es que las palabras forjan nuestra personalidad y nuestro futuro. Gran parte de lo que nos pasa en la vida está relacionado con el lenguaje que empleamos con nosotros mismos y con los demás: «Podemos ser ricos o pobres, cultos o incultos [...] las historias de las personas felices no dependen de grandes conocimientos ni del dominio o la autoridad del dinero [...] dependen del poder de sus palabras».

3. Comunicándonos con nosotros mismos

La teoría del lenguaje positivo nos permite también tomar conciencia de todo lo que nos decimos a nosotros mismos. Es el llamado *juego interior* lo que nos estamos diciendo en nuestra cabecita continuamente. Ya dijo el jesuita Blaise Pascal en el siglo XVII que «El hombre es el único animal que habla consigo mismo». Eso que nos decimos está compuesto por emociones, pensamientos, valores, creencias, sentimientos, que de forma automática se producen en nuestro cerebro. Este juego interior puede impedir a las personas acceder a todo su potencial. Dominar nuestra comunicación interna nos posibilita superar dificultades. Lo que pensamos y lo que sentimos es clave para favorecer o interferir a la hora de alcanzar nuestras metas. Esto es algo que los emprendedores sabemos bien, pues si no creemos nosotros que nuestro proyecto es posible, ¿quién va a hacerlo?

Resulta muy habitual en contextos empresariales utilizar símiles y metáforas con el mundo del deporte, así que no voy a ser original en esto. De hecho, la propia denominación *juego interior* procede de un entrenador de tenis, Tim Gallwey, quien veía cómo algunos de sus alumnos tenistas jugaban un doble partido, el de la cancha y el de sus mentes. Si hay un contexto en el que he sido plenamente consciente de la fuerza y de los efectos del lenguaje interior positivo, ha sido corriendo.

Desde hace más de ocho años entreno dos días a la semana en el madrileño parque del Retiro con un grupo de *running* fantástico, Pura Vida Deportiva. Un día el entrenador nos hizo una prueba denominada Test del 3000. Se trata de una prueba exigente que mide tus tiempos para determinar cuál es realmente tu ritmo medio en una carrera. El día que tocaba hacer el test, yo estaba agotada por una jornada de trabajo intensa. Le dije a Adri, uno de los entrenadores, que no estaba muy fina, y me respondió: «Controla tu voz interior». Ese día me pasé los 15 min de la prueba corriendo y diciéndome cosas positivas desafiando mi lenguaje interior negativo. Cuando acabé el test, sentí que hasta me había excedido jaleándome a mí misma; llegué con la lengua fuera, pero con el pecho inflado y la cabeza bien alta. No tengo complexión atlética y entreno lo justo, pero, como me dice José, líder y entrenador de Pura Vida Deportiva, «tienes control y mucha cabeza».

Con ese dominio del lenguaje interior, muchos corredores llegamos a la meta orgullosos de nosotros mismos. Dominando nuestras palabras conseguimos dar sentido a un estilo de vida. Aplica al *running*, a cualquier otro deporte y a toda actividad física que requiera cierto esfuerzo. Me fascina cómo en el deporte, al igual que ocurre en cualquier situación adversa, se evidencian tanto los efectos de esa voz interior que desarrollamos ante los retos. El lenguaje interior negativo está siempre preparado para salir a escena; hay que estar muy alerta porque es saboteador, limitante y dañino.

¿Dominas tu juego interior? ¿Tienes un runrún interior donde domina lo positivo o lo negativo?

Entre los diferentes ejercicios que propone Castellanos en uno de sus libros, hay uno que denomina El reloj maestro, una especie de termómetro de nuestras palabras y actitudes con nosotros mismos y con los demás. Nos propone dedicarnos cada día durante algunas semanas a anotar las palabras o los momentos que puedan estar asociados a cuatro apartados: quejómetro, excusómetro, culpómetro y criticómetro. Puedes ir anotando el número de veces que en un día sientes una palabra o emoción relacionada con cada uno de los apartados:

Quejómetro: 1, 2, 3, 4, 5...
Excusómetro: 1, 2, 3, 4, 5...
Culpómetro: 1, 2, 3, 4, 5...
Criticómetro: 1, 2, 3, 4, 5...

En las empresas hay mucha queja, bastante excusa, demasiada búsqueda de la culpa y habitualmente también algo de crítica y chismorreo. Esto también existe en las familias y en nuestra vida cotidiana. Alguien con espíritu emprendedor sabe que debe dedicar poco tiempo a estos apartados porque esas cuatro actitudes restan mucho. El espíritu emprendedor es resolutivo, sabe que se necesita mucha energía para lograr un objetivo, así que no hay tiempo que perder.

Uno de los mayores expertos en *management* en nuestro país es Javier Fernández Aguado. En su libro: *Entrevista a Aristóteles*, nos recuerda una de las enseñanzas que nos dejó Aristóteles para la vida y para la empresa: «Lamentarse no sirve para nada; solo quienes se lanzan a navegar en medio de las tempestades descubren nuevos mundos».

Lamentarse, efectivamente, es una pérdida de tiempo absoluta. A mí me fascina en temas de gestión y toma de decisiones la teoría del razonamiento práctico, otra de las enseñanzas de Aristóteles que recoge el libro de Fernández Aguado. Me gusta especialmente porque la teoría del razonamiento práctico aniquila el lamento. Cuántas veces en las empresas las personas pierden el tiempo en la búsqueda de la verdad, lo que a menudo incluye la queja, la excusa, la crítica y la culpa. La clave del razonamiento práctico consiste en centrarse en lo que hay que hacer en lugar de ir en búsqueda de la razón o del cómo hemos llegado a ese punto. Las personas resolutivas suelen seguir esta máxima para la toma de decisiones.

A pesar de que el razonamiento práctico resulta muy útil para la gestión, siempre puede aparecer alguna de estas actitudes ladronas de tiempo. En mi caso, culpómetro, excusómetro y criticómetro creo tenerlos bastante controlados y con niveles bajos, pero tengo que batallar en más de una ocasión con el quejómetro. Cuando tienes un negocio, a veces las cosas no salen bien o como deseabas o tenías planificado. Ocurre igual cuando te planteas cualquier reto: puede que sientas que te has esforzado mucho y que no obtienes la recompensa que esperabas. Si a pesar del esfuerzo las cosas no salen bien, corres el riesgo de tener esa sensación de que algo injusto ocurre, y entonces el quejómetro se dispara.

Hace algunos años tuve un socio que un día me dijo en una conversación que me quejaba mucho. Posiblemente tenía toda la razón. Aquel comentario me dolió, y durante un tiempo le di muchas vueltas. Reflexioné hasta entender cuál era el origen de la queja. Descubrí que había algo en nuestra relación que no me gustaba, una actitud que me estaba molestando y que incluso me parecía injusta. Decidí ocuparme para eliminar la causa que me llevaba a tener el quejómetro disparado. Ante la queja, aunque es difícil, hay que construir en positivo. No es fácil, pero conviene solucionar o salir de una situación que te molesta y que te está provocando quejarte todo el tiempo. Si no lo haces, estás convirtiendo en permanente una actitud negativa y, del mismo modo que todo lo que se fuerza tiende a romperse, también todo lo negativo, si lo alargamos en el tiempo, se enquista y no tiene un buen final. Con momentos difíciles y alguna situación desagradable, logré deshacerme de aquella situación que me hacía sentir mal, y consecuentemente me deshice de la queja.

> Cuando la queja aparece en nuestra comunicación, hay que buscar el origen porque la solución está siempre en uno mismo.

Este ejercicio de analizar cuánto hay en nuestro día de queja, culpa, excusa y crítica nos alerta a través de nuestras palabras y del análisis de nuestras conversaciones sobre las emociones y actitudes a las que estamos dedicando nuestro tiempo. Ya sabemos que el tiempo es el recurso más valioso que todos tenemos. Una vez leí que todas las personas tenemos el mismo tiempo y, en cambio, unas hacen muchas cosas y otras apenas casi nada. Me llamó la atención, pues es tan sencillo como cierto: algunas utilizan sabiamente las mismas 24 h con las que contamos todas las personas y otras no tanto.

4. Sobre nuestro relato y autenticidad

¿A quién no le interesa cómo funciona nuestro cerebro? A mí me parece un tema muy sugerente que no domino, así que busco inspiración donde sea. En esa búsqueda me topé con la experta en neuroeducación Anna Forés, a la que tuve oportunidad de entrevistar en un desayuno de trabajo. Conversando con ella, aprendí la importancia de lo que la experta denomina *renarrar* nuestro relato. Resulta que no solo es importante ser consciente y controlar ese lenguaje interior del que hablábamos antes y que puede limitarnos, sino que también resulta esencial dominar nuestra propia historia.

Me contó Forés que todo trauma personal tiene dos golpes: lo que sucede y cómo nos lo contamos, y este segundo es clave. La renarración es una idea inherente a esa capacidad de resiliencia que permite a las personas y también a las organizaciones sobreponerse con éxito a cualquier hecho traumático o especialmente difícil. La experta me explicó que puede resultar mucho más devastadora la forma en la que gestionamos y nos contamos un hecho ocurrido que el propio hecho en sí.

Cuando llegó la crisis de 2008, mi empresa vivía de la publicidad en revistas. Con las crisis todos sabemos que lo primero que recortan las compañías es la inversión en marketing y publicidad. Entonces las cosas empezaron a ir mal en la empresa. Llegó un momento en el que los clientes dejaron de contratar publicidad y, consecuentemente, no podíamos pagar a los proveedores ni al equipo. Tuve que pedirle dinero a mi padre para hacer frente a algunas deudas. Aquello me disgustó tanto que pasé algunos años atormentada por el fracaso y con el miedo en el cuerpo de que podía volver a ocurrir. Aún a veces me entra ese temor. En aquel momento no supe contarme lo ocurrido con generosidad, no fui consciente de la necesidad de saber contarme bien lo que había sucedido. Miles de organizaciones de mi sector y de otros desaparecieron. La autocompasión es una de las habilidades que debemos tener desarrollada en su justa medida. Esa es la gran dificultad: que la autocompasión y la exigencia convivan con las dosis necesarias y en los momentos oportunos. En aquel momento lo que me conté a mí misma es que había fracasado porque había tenido que recurrir a pedirle dinero a mi padre para salvar la empresa y ni siquiera así lo había conseguido. Me resultó más difícil superar la interpretación que yo hice de lo ocurrido que remontar el hecho en sí.

Existe la necesidad de contarnos el relato para hacerlo nuestro, para entenderlo y, a partir de ahí, comenzar a construir en positivo. Por eso, antes de querer mejorar como comunicadores, es recomendable revisar nuestro lenguaje interior y también conocer bien nuestra historia.

Nuestro relato es más importante de lo que imaginamos. Hay cientos de historias de superación que nos enseñan lo importante que es saber describir nuestra historia y hacerlo en clave positiva para sobrevivir.

Conocer tu relato es descubrir tu autenticidad. Qué fácil es decir eso de que cada uno de nosotros somos únicos e irrepetibles y, sin embargo, qué difícil resulta descubrir nuestra propia autenticidad, esa que nos pertenece como seres únicos que todos somos.

¿Cuál es tu propio relato? ¿Qué te hace una persona auténtica? Una vez que lo descubres, el reto entonces es ofrecerle tu autenticidad al mundo.

Uno de los mejores ejercicios de autoliderazgo para conocer nuestro propio relato es escribir en cinco líneas quiénes somos, como si estuviéramos siendo narradores de nuestro propio personaje. Es un ejercicio divertido que te revela cómo le contarías al mundo quién eres.

En mi caso, intento expresar mi autenticidad a través de la comunicación. A menudo, cuando acabo de intervenir en un acto, se acercan algunas personas a charlar conmigo. La mayoría de las veces son muy amables y admiran mi labor como comunicadora. Suelen decirme cosas tan positivas que sería falso no admitir que me provocan un subidón de autoestima: «Se nota tu pasión», «Estás en tu salsa», «Qué soltura», «Se nota que lo disfrutas», «Brillas en el escenario», etc.

Siempre he sido fan de la mítica frase del periodista José María García: «El halago debilita», pero hay que reconocer que este tipo de mensajes tras el trabajo realizado reconfortan a cualquiera. Si pensamos en los halagos que nos dicen las personas que nos aprecian, de casa o del trabajo, muy probablemente despertaremos esa autenticidad, si es que la teníamos adormilada. El piropo que más ilusión me ha hecho profesionalmente lo recibí hace un par de años de parte de una clienta. Te lo contaré porque tiene que ver con la idea de autenticidad.

Desde hace tres años la Asociación de Mujeres Profesionales del Sector Inmobiliario (AMPSI) contrata a mi empresa para la organización de su congreso anual. Además de las tareas de producción de las que se ocupa mi equipo, yo misma hago las funciones de presentadora del congreso. Se trata de un evento de tres días con una energía descomunal, difícil de describir. Más de doscientas mujeres empresarias juntas aprendiendo de su sector, formándose y divirtiéndose a la vez. En la última edición del congreso, la empresaria y actual presidenta de la asociación, Ana Luengo, me pidió una reunión días antes del evento para charlar sobre el guion y comentarme algunos detalles. Al despedirnos en aquel encuentro en Teams, me dijo: «Noemí, yo estoy tranquila porque confío en que lo vas a hacer como siempre, con esa marca de la casa que tú tienes». Aquel comentario me pareció un superelogio. Cuando decimos «marca de la casa», estamos haciendo referencia a esa diferencia, eso que te hace único, a algo que te identifica, a tu mayor valor.

Lo importante no es solo aquello que nosotros pensamos sobre nosotros mismos; lo interesante es también lo que los demás perciben, y lo más valioso, que se perciba como auténtico.

Un fantástico ejercicio para descubrir cómo eres percibido y quizás tener pistas sobre tu relato y autenticidad es elegir a tres personas de tu entorno familiar o amigos y a otras tres de tu ámbito profesional (clientes, proveedores, compañeros de trabajo o colaboradores) y pedirles que respondan con sinceridad a tres sencillas preguntas: ¿Qué crees que es lo que más me define? ¿Qué destacas más en positivo de mí? ¿Cómo me presentarías a una tercera persona?

He tenido ocasión de hacer este ejercicio gracias a mi amiga Paula Fernández-Ochoa, experta en marca personal. Confirmé gracias al ejercicio que la percepción de las personas de mi entorno coincidía con lo que yo misma siento que es mi relato, mi esencia. Resulta un ejercicio sencillo y útil. Puedes añadir esta otra pregunta que te ofrece información de tu campo de mejora: ¿qué crees que debería mejorar? En este caso, no aporta información sobre tu autenticidad, pero cumple otro objetivo: te alerta de dónde está tu debilidad. Te confieso que la mía se encuentra en la escucha, ya que tanto hablar en público hace que me olvide en ocasiones de lo esencial: escuchar más.

Una vez descubierta esa esencia, lo que define tu marca personal, lo que eres y lo que aportas, el desafío radica en ser capaz de comunicar ese valor. La autenticidad tiene más que ver con el propósito que nos mueve en la vida que con trucos y técnicas.

La autenticidad es el relleno del bombón. La mala noticia es que no se aprende. Sin embargo, la habilidad de comunicar y conectar sí.

Mientras la autenticidad no sabe de técnicas ni de trucos, la comunicación que conecta utiliza un arsenal de herramientas. La autenticidad no tiene niveles ni grados: eres una persona auténtica o no lo eres. La comunicación, en cambio, cuenta con niveles: podemos conectar en mayor o menor medida según cómo y cuánto perfeccionemos nuestra técnica.

Podemos ser expertos en comunicación y no transmitir emociones. He conocido a profesionales que se han preparado como comunicadores y consiguen transmitir mensajes correctamente, pero no son capaces de conectar emocionalmente.

El fin último de la comunicación es la conexión, lo que no significa que tengas que gustar a todo el mundo. No se trata de conectar con cada ser viviente que se te acerque, sino de usar todo lo que está a tu alcance para ser capaz de trasladar emociones, de llegar a las personas. La conexión está en un nivel superior al de la comunicación, representa la siguiente pantalla. Podemos comunicar correctamente siguiendo los manuales y, a pesar de ello, no conectar con nuestra audiencia.

Si decimos que liderar es influir, comunicar es conectar. No es posible influir sin el dominio de la comunicación. Consecuentemente, influencia y conexión van de la mano. Así, podríamos decir que liderazgo es comunicación, de ahí el título de este libro.

No eres un buen líder si no puedes influir en los demás, del mismo modo que no eres un buen comunicador si no puedes conectar emocionalmente con las personas.

Hay situaciones en las que podemos diferenciar claramente entre comunicar y conectar. Ocurre especialmente en actos públicos. Habrás visto alguna vez a esas personas que leen un texto escrito, muchas veces por otra persona, y se ocupan sencillamente de transmitir unos mensajes, mientras que otras hacen propio su discurso y percibes que sienten lo que dicen y consiguen así conectar porque su mensaje es auténtico. Esa constituye básicamente la diferencia.

Hay personas con mucha técnica que no conectan, mientras que otras no tienen tanto dominio de la técnica pero logran emocionar. Si solo trabajamos la cobertura para parecer deliciosos bombones, podemos fracasar en el objetivo de conectar. Emocionamos a través de lo que tenemos en nuestro interior; así es como la comunicación cobra su mayor significado.

Uno de los investigadores que más ha estudiado cómo la comunicación influye en las emociones es Albert Mehrabian. A pesar de todo lo que hemos ido viendo anteriormente sobre el poder de las palabras, resulta que este psicólogo, al estudiar el impacto emocional de los mensajes, descubrió que el 93 % de nuestra comunicación procede de elementos no verbales, es decir: nuestra influencia a través de nuestras palabras es solo de un 7 %; el resto lo hacen nuestro cuerpo (posturas, gestos, apariencia, etc.) y nuestra voz (timbre, volumen, ritmo, etc.). Nunca me han obsesionado estos porcentajes para desarrollar mi trabajo. He intentado siempre comunicarme con naturalidad, pero con los años y la experiencia he identificado como muy efectivas ciertas herramientas, algunas basadas en la comunicación verbal y otras en la no verbal. Así es como he desarrollado mi particular Decálogo de la comunicación que conecta. Te lo descubro en el siguiente capítulo.

7
Decálogo de la comunicación que conecta

¿Pensaron alguna vez que, si no fuera por todos, nadie sería nada?

Mafalda

Entre los diferentes atributos y habilidades que tradicionalmente se han otorgado a las mujeres, la comunicación es claramente una de esas habilidades. De hecho, las mujeres expresamos una media de veintitrés mil palabras al día, mientras a los hombres les basta con pronunciar diez mil. Aunque la habilidad de la comunicación por supuesto que no se mide en cantidad de palabras, este es un dato significativo que ilustra esa hegemonía asignada a las mujeres en materia de comunicación. En el ámbito de lo privado siempre se nos ha concedido a las mujeres cierta supremacía en la habilidad comunicativa. Dicen los expertos que las mujeres en general tenemos más soltura y fluidez verbal, gesticulamos más que los hombres y contamos con más facilidad para expresar emociones. Siendo una cualidad que ambos géneros podemos desarrollar, los hombres la han entendido tradicionalmente como un medio de reafirmación, un acto que permite expresar, reforzar y aclarar su posición o estatus, mientras que las mujeres tradicionalmente en la comunicación hemos buscado establecer conexión con la otra persona. Dicen los estudios que las mujeres nos centramos más en la búsqueda de la complicidad.

¿Sabes quién fue el primer ser humano comunicador de la era cristiana?

Iniciaba yo el capítulo dedicado a la comunicación con Pericles como gran orador en la Antigua Grecia. En aquel momento de la historia, las mujeres estaban totalmente restringidas a la vida doméstica: básicamente la mujer era esposa y madre. Si nos trasladamos a nuestra historia más reciente, al cristianismo, resulta que la mujer ha tenido un especial protagonismo como embajadora de la comunicación. Fue una mujer, María Magdalena, la primera persona comunicadora de nuestra era. Como indican los evangelios, fue testigo de la Resurrección y la primera persona en dar la noticia al resto de apóstoles y al pueblo. Por lo menos, y a pesar del dominio de lo masculino en la Iglesia, en esta cuestión el Evangelio otorga a la mujer un papel no subordinado a lo doméstico, un rol clave como observadora de los hechos, poseedora de la noticia y difusora del mensaje al pueblo cristiano. Por supuesto que no se escapó María Magdalena de ser considerada después una mujer pecadora y prostituta. En todo caso, y para no enredarnos en otros asuntos, en este punto lo que me interesa destacar es el papel relevante de la mujer como primera comunicadora de nuestra historia reciente.

Me he permitido describir los diez ingredientes del Decálogo de la comunicación que conecta con vocablos femeninos. Es un guiño a la forma femenina de entender la comunicación como herramienta de conexión. El Decálogo incluye diez elementos que se aprenden. Algunos pueden emplearse de forma inconsciente, pero todos aceptan el aprendizaje. Se trata de herramientas que solamente funcionan con sentido común, en determinadas circunstancias y de forma independiente. Son diez elementos que pueden resultarte útiles para múltiples situaciones, desde escribir un discurso para una celebración familiar hasta para una presentación al comité de dirección de tu empresa.

Ejerciendo de periodista e impartiendo clases de comunicación en la universidad, he comprobado que absolutamente todas las personas podemos mejorar en nuestra capacidad de comunicarnos.

Cada uno de nosotros tenemos nuestro propio estilo de comunicación, que podemos pulir, mejorar y perfeccionar. La maestría es entrenarnos en el uso de estas herramientas sin perder nuestra propia autenticidad. Si alguno de los ingredientes te sirve para reforzar tu papel como comunicador, bienvenido sea. Si, en cambio, alguna de mis fórmulas te parece algo artificial para ti, elimínala de tu comunicación. No todo funciona para todos ni en todo momento.

1. Decálogo para una comunicación que conecta

1. La sonrisa, que seduce.
2. La sorpresa, que regenera neuronas y capta la atención.
3. La confesión, que une.
4. La velocidad, que sincroniza.
5. La pregunta, que nos hace reflexionar.
6. La palabra positiva, que mitiga la peor de las situaciones.
7. La cita, que inspira.
8. La distancia, que aproxima.
9. La chispa, que enciende y divierte.
10. La duración, que respeta.

Y la conclusión, que remata.

La sonrisa, que seduce

Así de obvio: sonreír te ayuda a conectar y te prepara para una mejor comunicación con los demás. Entonces, ¿por qué hay personas que te dan los buenos días sonriendo y con gesto amable y otras a las que les cuesta la vida sonreír? Grandes personajes de la historia nos han hablado de la sonrisa, de William Shakespeare a Charles Chaplin, pasando por Gandhi. Infinidad de proverbios anónimos la elogian como herramienta poderosa.

Dijo Shakespeare: «Es más fácil obtener lo que se desea con una sonrisa que con la punta de la espada». Si la sonrisa nos facilita llegar al objetivo y en las empresas se habla tanto y todo el tiempo de ellos, ¿por qué vemos a tantos ejecutivos que sonríen nada o poco?

En esta sociedad en la que todo tiene un precio, resulta que la sonrisa encima es gratis, no empobrece a nadie. Lo decía Chaplin: «Una sonrisa significa mucho; enriquece a quien la recibe sin empobrecer a quien la ofrece».

La cuestión es que en el balance de pérdidas y ganancias (PYG) de cualquier compañía tenemos a nuestro alcance algo que contribuye al resultado, no tiene coste y, sin embargo, se utiliza poco. Es incomprensible hasta para un *dummie* de las finanzas. Nos hemos tomado a nosotros mismos tan en serio en lo profesional que hemos subestimado los beneficios de la sonrisa.

Tengo un vecino ingeniero que trabaja en una prestigiosa empresa de aviación. Me lo encuentro por el barrio, en el ascensor, en el supermercado, en la reunión de la comunidad de propietarios, etc., y no lo he visto sonreír jamás.

Hay muchos profesionales por ahí que desean ser buenos comunicadores, que asisten a cursos de negociación, que pagan por un reconocido máster de liderazgo en una prestigiosa escuela de negocios, pero que se olvidan de la sonrisa, ese recurso natural al alcance de todos.

«Para Noemí, por ser una embajadora de la sonrisa», me escribió Sergio de la Calle en la dedicatoria de su último libro *La risa asusta al miedo*, y me hizo mucha ilusión. Él ha escrito diferentes obras sobre el humor como recurso inteligente para afrontar la vida y para divertirse trabajando. Es muy interesante su clasificación de los enemigos de la risa: los humorodeprimidos del tipo I, del tipo II, del tipo III y del tipo IV. En su lectura identificas a todos esos cenizos que no dan espacio al humor en sus vidas, y menos en su trabajo. Precisamente leyendo su último libro recordé el juego de la sonrisa, un sencillo pasatiempo que me inventé hace unos años. Lo hice para hacer más llevadera mi actividad comercial. Te cuento el juego, que aún aplico de vez en cuando.

Por mi trabajo asisto a bastantes reuniones comerciales, y en la mayoría de los casos no conozco de nada o muy poco a las personas con las que me reúno. Detecté durante un tiempo que hay personas que al inicio de una reunión tienen cara de pocos amigos; incluso parece que hayan sido amenazadas o que te estén casi perdonando la vida desde el primer momento por unos minutos de su atención. Me inventé el juego para hacer más llevaderas las reuniones con ese tipo de personas.

Las reglas del juego eran poco sofisticadas: yo utilizaba mi sonrisa exageradamente desde que iniciaba la reunión hasta el final en la despedida del encuentro. Por supuesto, durante toda la cita sonreía continuamente. Habitualmente eran reuniones en las que yo perseguía vender alguno de los servicios de mi empresa, así que solía ser la que más hablaba y sonreía. En el manual de instrucciones, la única regla del juego de la sonrisa es que yo ganaba si al despedirme en la reunión mi interlocutor sonreía abiertamente. Las personas se descolocaban muchísimo; algunas me miraban raro, otras, aunque al principio de la reunión estaban muy serias, se mimetizaban de forma que iban transformando su gesto serio y lograba que al despedirnos sonrieran notablemente. La sonrisa funciona como un espejo, es tan mimética como agradecida. De hecho, eso decía Gandhi en una de sus buenísimas reflexiones: «La vida es como un espejo: si sonrío, el espejo me devuelve la sonrisa».

En un buen número de ocasiones cuando me despedían en la puerta —en los tiempos en los que me inventé el juego no existían Teams, Zoom ni Meet— las personas lo hacían con un rostro diferente al careto con el que me habían recibido. La sonrisa había triunfado, me compraran o no.

Los músculos que usamos cuando sonreímos envían información al cerebro y este con la sonrisa libera endorfinas y dopamina. Resulta que, aunque la sonrisa sea forzada, funciona del mismo modo, así que el juego me vino de perlas para reducir mis niveles de cortisol, esa hormona que nos ocasiona el estrés.

Precisamente con la de estrés y ansiedad que tenemos en el trabajo, no me extraña que se haya puesto de moda lo de los talleres de risoterapia en empresas. Siempre me ha parecido una paradoja que tengamos que acudir a ese tipo de actividades. ¿No es más fácil que todos entendamos que la sonrisa es tan poderosa que deberíamos llevarla puesta cada día? ¿En serio hemos de pagar por esos talleres sabiendo que el recurso que tenemos que emplear está a nuestra disposición 24/7?

En mis clases en la universidad, en los eventos y en las entrevistas intento emplear la sonrisa como primer instrumento para conectar casi a modo de arranque. Funciona mucho. A veces hasta demasiado. Las personas que sonreímos somos más atractivas. Sergio de la

Calle y yo lo sabemos. Puede parecer petulante, pero es así. Un día él asistió de ponente a un evento que yo organizaba. La fotógrafa hizo unas fotos fantásticas y este autor utilizó una en una de sus ingeniosas publicaciones de LinkedIn en la que mi sonrisa era amplia. Tras esta publicación, me escribió alguien que, para todos los que recordamos aquel famoso anuncio de la década de 1990 del Renault Clio, sería un joven aunque sobradamente preparado (JASP) —y seguramente soltero— gestor de un fondo de inversión. El tal JASP dijo estar prendado de aquella sonrisa; tenía un claro interés no profesional, más propio de Tinder. Cuando se lo conté a De la Calle, me dijo que a él también le había sucedido en alguna ocasión, muy probablemente como efecto del atractivo de su buena sonrisa. Que te escriban a través de LinkedIn para venderte todo tipo de servicios resulta habitual, pero que los usos de esta red social profesional introduzcan objetivos propios de las redes sociales de citas ya es otra historia.

Esto no va de sonreír para ligar, sino de entender que la sonrisa es un elemento clave en los negocios. ¿Seleccionaría yo a personas para un trabajo, en igualdad de condiciones en cuanto a conocimientos, en función de si sonríen o no? Rotundamente sí. Lo dice el proverbio chino: «Hombre sin sonrisa no abre tienda». Infinidad de marcas y negocios incorporan de forma subliminal o explícita una sonrisa en sus logotipos: Amazon, Colgate, Danone, TUI, Hasbro y un montón más. Esto último lo aprendí en el último libro de este autor, pues nunca me había percatado de que tantas empresas utilicen la sonrisa en sus logotipos, y es porque lo tienen claro: la sonrisa vende. Montes un negocio o decidas emprender como actitud vital, lleva siempre la sonrisa puesta.

La sonrisa es solo uno de los elementos de lo que se denomina en comunicación no verbal *kinesia*. En nuestra kinésica se incluyen también la mirada, los gestos, las posturas y, en definitiva, todo nuestro lenguaje corporal. La mirada es poderosa también, incluso si tienes ojos marrones y pequeños como yo. Hay personas que rehúyen la mirada y otras miran fijamente a los ojos. Es difícil sonreír sin usar la mirada; de ahí mi invitación en este Decálogo a emplear más la sonrisa como herramienta de conexión. Estoy convencida de que, si te propones utilizar más la sonrisa en tu comunicación, acabarás mirando más y mejor.

Cruzar los brazos, un guiño de ojo, un desvío de mirada, una espalda demasiado rígida, un movimiento nervioso de piernas...

todo eso está ofreciendo información sobre nosotros y nuestras emociones y será interpretado por las personas con las que nos relacionamos. Lo peligroso de la kinesia es que es automática. Esas reacciones que nuestro cuerpo tiene ante las situaciones y lo que sentimos lo expresamos a través de la kinesia. La buena noticia es que podemos controlarla.

Con observación, tú puedes decidir si quieres mirar desafiantemente a alguien que ha dicho algo que te ha molestado. Tú decides si cruzas los brazos y te reclinas relajadamente en la silla de tu despacho mientras una persona de tu equipo te pide un aumento salarial. Tú decides si te pones a mirar tu móvil o la hora del reloj en una primera cita. Todo eso es comunicación, y todas las personas tenemos una kinesia que nos caracteriza. Algunas personas gesticulamos más que otras, del mismo modo que algunas sonreímos más que otras. La cuestión es tomar consciencia de cómo la kinesia puede jugar a nuestro favor para lograr nuestros objetivos y mejorar el nivel de conexión con los demás. También puede ocurrir que nuestra kinesia nos esté distanciando de las personas y de nuestras metas personales. Las emociones positivas solo se generan con una kinesia agradable y generosa.

La sorpresa, que regenera neuronas y capta la atención

La sorpresa es uno de los ingredientes de la comunicación que causan mayor efecto en nuestro cerebro. Desempeña un papel importantísimo en nuestra salud cerebral. Cuando nos sorprendemos, nuestro cerebro libera dopamina y generamos conexiones neuronales positivas para el proceso de aprendizaje. La sorpresa, por tanto, cuando es positiva genera placer y ayuda a memorizar.

> Si incluimos la sorpresa en nuestra comunicación, tendremos más posibilidades de ser memorables, de generar una emoción y un recuerdo en los demás.

Ya existen evidencias científicas que relacionan nuestra exposición a actividades o experiencias sorpresivas con un menor riesgo de padecer demencias. De modo que, además de ayudarte a conectar con las personas, si empleas la sorpresa, estás haciendo un favor a los cerebros de las personas a las que estás intentando influir con tu comunicación.

Ahora bien, ¿cómo utilizar la sorpresa en nuestra comunicación? La sorpresa se da cuando introducimos algo inesperado, nuevo o simplemente extraño. Una técnica sencilla consiste en incorporar elementos extraídos de contexto.

Imagina que trabajas en una empresa constructora y debes presentar a tus jefes en el comité de dirección un informe sobre los materiales del futuro. Encuentras una ilustración preciosa del cuento de los tres cerditos y el lobo, cada casa con su material: la casa de paja, la de madera y la de ladrillo. Con esa ilustración, arrancas tu presentación ante los jefes. Si además ese cuento marcó tu niñez, les explicas que has recurrido a un recuerdo de la infancia para preparar el proyecto y lanzas la ilustración. Es evidente que habrás generado una sorpresa en el comité de dirección, que, por su posición, está poco habituado a que las personas se atrevan a sorprenderle.

A través de un recurso fuera de contexto se genera esa sorpresa que capta la atención de nuestro público. Si ese cuento no conecta con tu persona, podrías sustituir la ilustración de los tres cerditos por una escena de la casa del árbol de los Simpson, con Homer y Vilma trabajando al más puro estilo Bricomanía. Sirva esto únicamente de ejemplo; disponemos de infinidad de recursos que se pueden convertir en elementos sorpresivos si los sacamos de contexto y somos capaces de enlazarnos con nuestro discurso. Si además ese recurso contiene información que de algún modo habla de nosotros, el efecto se multiplica.

Voy a compartir un par de casos reales de cómo he usado la sorpresa como elemento para conectar en un evento con un público bien exigente. Los Premios DUX, organizados por www.canalceo.com, se otorgan en una gala a la que asisten líderes empresariales, los máximos responsables de reconocidas compañías de nuestro país, muy habituados a asistir a eventos y actos públicos. Junto a los adolescentes, no creo que exista un público más difícil de sorprender.

En un momento de la ceremonia de estos premios apareció Sofía, una niña de apenas doce años apasionada de la tecnología, quien ofreció una breve charla sobre el metaverso. Lo hizo increíblemente; será con gran probabilidad una jefaza en su vida adulta. Estoy agradecida a su madre, Carmen Chicharro, directora de marketing de Metrovacesa, por permitirnos contar con ella en el evento. Después de su intervención, aproveché que estaba presentando el evento para preguntarle: «Sofía, ¿cómo crees que debe ser un buen jefe, cómo te gustaría a ti que fuera tu jefe cuando en el futuro empieces a trabajar?».

La intervención de la niña fue una sorpresa para todos los que estaban allí. Los directivos, que habían venido a unos premios a líderes empresariales, no esperaban encontrarse a una menor en el escenario. En el mismo evento un año después volvimos a emplear la sorpresa como elemento clave al incorporar a un ingeniero jubilado que pasó más de cuarenta años trabajando en la NASA y que fue testigo de aquel gran hito para la humanidad que fue la llegada del hombre a la Luna. Su experiencia en las misiones del Apolo nos sirvió para sorprender a los asistentes al evento, empresarios y directivos que, como los astronautas, tienen el objetivo de buscar territorios inexplorados en su actividad como líderes.

Estamos actualmente tan influidos a través de tantos medios y canales que necesitamos más que nunca en nuestra comunicación generar sorpresa si queremos captar la atención. Únicamente hay que buscar un elemento sorpresa, darle cohesión con nuestro mensaje y ya habremos captado la atención.

Si te gustan los espectáculos de magia, los deportes de aventura o los parques de atracciones, lo tendrás más fácil para incorporar la sorpresa en tu comunicación. Puedes ver una señal de que es bienvenida en tu vida si te gustan el Rastro madrileño o el Mercat dels Encants de Barcelona o, en sustitución, todo mercadillo de objetos curiosos y antigüedades de cualquier ciudad del mundo. Yo me pierdo muchos domingos en el Rastro. ¡Es un monumento a la sorpresa! A veces no compro, pero mi cerebro se sorprende. ¡Suficiente!

Durante muchos años he utilizado la sorpresa como herramienta en mi comunicación, pero no supe de sus grandes beneficios hasta que conocí a Ana Ibáñez, ya aludida anteriormente, pionera en la aplicación de la neurociencia en el entrenamiento cerebral y entrenadora cerebral de deportistas de élite y directivos del IBEX. Es la misma experta que me contó la idea de la compuerta del miedo en nuestro cerebro, que nos impide ser valientes y sobre la que te hablé en un capítulo anterior.

Uno de los conceptos que más me llamó la atención en mi conversación con Ibáñez es lo que ella denomina *placeres culpables*, que funcionan como regeneradores en el plano neuronal. Los placeres culpables aparecen cuando balanceamos nuestro sentido del deber, el esfuerzo, con el sentido del disfrute. Nuestro cerebro no puede estar como un motor todo el tiempo acelerando; necesita disfrutar.

Esa sensación que a veces tenemos de estar perdiendo el tiempo, que aparece por ejemplo en un momento de descanso, sería un placer culpable. La experta nos propone ser conscientes de esos placeres culpables que nos merecemos. Nuestra mente debe saber jugar bien entre estresarse y relajarse. El estrés cerebral es sano porque, si nuestro cerebro no se estresa, no cambia. Por lo visto, hay una neuroquímica asociada al estrés que nos permite generar nuevas conexiones neuronales. La mentalidad del alto rendimiento sabe estresarse y aguantar el sufrimiento del estrés al mismo nivel que sabe disfrutar los placeres culpables.

La comunicación en público siempre nos genera cierto estrés, así que la sorpresa nos permite incorporar el elemento de disfrute en lo que hacemos. La sorpresa nos da la oportunidad de nivelar esa balanza del esfuerzo con la balanza del disfrute, como indica Ibáñez, incorporando elementos nuevos que eliminan tensión y nos relajan.

La confesión, que une

Hoy el postureo nos invade. No hay más que entrar en Instagram y disfrutar de esa competición de atardeceres, de enamoramientos, de sonrisas, de playas paradisíacas, de postres deliciosos en restaurantes de moda, etc. Se suceden sin cesar imágenes que compiten en Me gusta y que aparentan un modo de vida. De vez en cuando, aparece alguna confesión vulnerable, pero abunda la competición. La esencia del postureo, ese afán de aparentar, no lo inventaron las redes sociales; ha existido siempre y está basado en la búsqueda de aprobación social y de sentirnos reforzados y admirados por los demás. Lo que hemos añadido, en el caso de Instagram, es un canal de comunicación con sugerentes imágenes y la capacidad de contar historias. Pero el postureo ha existido siempre en las empresas. ¿Quién no ha conocido a un profesional con porte y apariencia de sobrado conocimiento y suficiente experiencia? Eso también es postureo, búsqueda de aprobación. Hay personas que no se permiten confesiones que les hagan parecer vulnerables. Hemos interiorizado que la confesión, cuando muestra fragilidad, debilita nuestra imagen. En las redes ocurre como en la vida, que nos cuesta confesar nuestra vulnerabilidad, y eso nos impide conectar con los demás. ¡Todo el mundo es tan feliz todo el rato! Es cierto que cada vez vemos más historias en las que algunos *influencers* se muestran vulnerables. Su actividad está basada en la conexión con sus seguidores y mostrarse vulnerables les ayuda a conectar.

Estamos tan cansados ya del postureo que las personas necesitamos *confesarnos* para conectar. Entiéndase *confesarse* como mostrarse como uno es, de verdad, trasladando emociones sinceras. Comprendo que haya personas con carácter reservado a las que esta fórmula les puede parecer poco prudente o arriesgada. Creo que hoy la confesión, que no tiene por qué confundirse con desvelar la intimidad, es algo que nos ayuda a conectar si sabemos utilizarla correctamente en nuestras conversaciones. Defiendo la confesión para conectar, pero debe ser una confesión genuina. Tengo una amiga de esas de toda la vida, positiva, generosa y valiente, con la que irremediablemente conectas por su gran capacidad de mostrarse vulnerable y confesar lo que otros callamos. Y encima confiesa haciéndote reír. Gracias, Olga Buxeras, por tantas confesiones.

Comparto una experiencia que viví en un evento y que tiene que ver con esta idea de confesión como herramienta de conexión. Se celebraba el XXIX Foro Club Excelencia en Gestión, una entidad que anualmente reúne a directivos de grandes compañías. Su director general, Ignacio Babé, me propuso moderar una mesa redonda. El tema era la persistencia en las empresas, entendiendo *persistencia* como la firmeza y constancia en la manera de ser y obrar a pesar de las circunstancias.

Participaban en la mesa cuatro directivos con brillantes trayectorias profesionales. Debatieron sobre diferentes cuestiones vinculadas a la persistencia y cómo trasladaban a sus equipos esa idea de no tirar nunca la toalla. Para cerrar el debate, se me ocurrió preguntarles cómo debemos hacer para educar a los más jóvenes en el valor de la persistencia en una sociedad en la que la inmediatez y la baja tolerancia a la frustración parece que definen y estereotipan a las nuevas generaciones. Me ofrecieron sus visiones sobre el tema. Uno de los participantes en el panel me expuso el caso de uno de sus hijos, con el que había tenido que trabajar la persistencia porque tuvo unos años de bajo rendimiento académico. Confesó que su hijo estuvo durante un tiempo algo perdido. Noté mientras nos lo explicaba que sus ojos brillaban y, efectivamente, era porque Jaime de Jaraíz, máximo responsable de LG Electronics en España, estaba emocionado al contarnos algo personal en un foro en el que presumiblemente se va a debatir sobre gestión empresarial y excelencia. De Jaraíz, presidente y CEO de una compañía que está en muchas de nuestras casas, se mostró a corazón abierto. Contó que, cuando su hijo pasó por aquel momento y él ya no sabía cómo ayudarlo, le aconsejó trabajar mucho y sonreír; que no perdiera la sonrisa por muy perdido que estuviera (sabio consejo de nuevo el de la sonrisa). Vi que sus ojos le brillaban, se estaba emocionando. Yo estaba empatizando con el trago emotivo que atravesaba el CEO del gigante coreano. Viendo además que justo en ese momento, y con el consecuente revuelo, entraba en la sala para cerrar el acto la vicepresidenta y ministra para la transición ecológica Teresa Ribera, acompañada de todo su séquito ministerial, decidí echarle un capote a De Jaraíz y le dije que me sentía muy identificada con la historia que nos contaba: «Vaya, me suena... Esta semana yo estoy intentando superar la noticia de un 1.5 en un examen de Física y Química de una de mis hijas».

Para mí, que fui una empollona de matrícula de honor en el desaparecido COU, aquel 1.5 en Física y Química estaba siendo un trago complicado. Me atreví a hacer aquella confesión. Cerré la mesa redonda con algún titular y despedí a los participantes. La audiencia les aplaudió. Salió entonces la ministra al escenario a concluir institucionalmente este foro de empresarios y mi sorpresa fue que, a pesar de lo acostumbrados que nos tienen los políticos a discursos leídos y aprendidos de memoria, cogió como palanca el 1.5 de la nota de mi hija y, dirigiéndome la mirada, inició su exposición. Acabó la ministra su discurso y, al bajar del escenario, antes de dirigirse a los organizadores, se acercó a mí para animarme a superar ese 1.5: «Seguro que se convertirá en una nota excelente en otras muchas asignaturas de la vida de tu hija». Me dio un apretón de manos, de esos que se dan con las dos entrelazando las del otro, que me pareció muy afectuoso, considerando que nunca nos habíamos visto antes.

En este caso fue una confesión espontánea, aunque muchas veces preparo intencionadamente una confesión, siempre real, que me ayude a conectar. No tiene secreto; la clave es conseguir que las personas nos mostremos vulnerables, como somos, más allá del cargo que aparezca en nuestras tarjetas de visita, si es que aún tenemos tarjetas.

El CEO de una gran compañía que se muestra emocionado y la presentadora que confiesa la mala nota de su hija; me gusta que ocurran esas cosas en los eventos en los que participo: crear un buen clima, favorecer un entorno en el que podamos romper los estereotipos, contar cosas sin avergonzarnos; esa comunicación conecta.

La confesión es una excelente herramienta para que, en lugar de jugar a la competición, que es a lo que nos conduce el postureo, seamos capaces de mostrar la verdad sin filtros. La confesión nos aporta proximidad, cercanía. A través de ella somos capaces de emocionar, de conectar con los demás.

Cuando se acabó el evento, en el momento del cóctel, fueron unas cuantas las personas que se me acercaron para comentar aquella nota de mi hija: habíamos conectado, y el secreto había sido la confesión. A mi madre esa confesión le hubiera parecido innecesaria. A una abuela no le gusta que más de doscientas personas se enteren de que su nieta suspende. Por suerte, mi madre no estaba en la sala.

La velocidad, que sincroniza

Una vez un amigo me dijo bromeando que hablo a la velocidad del 2.5 de WhatsApp, y me hizo gracia porque, efectivamente, lo hago bastante rápido. ¿La velocidad con la que hablamos nos puede ayudar a conectar? Puede que sí, que algunas personas conecten con nosotros, pero también puede que se desconecten de nuestro discurso. La buena noticia es que podemos regular nuestra velocidad en favor de la conexión.

Esa velocidad a la que hablamos, junto con el ritmo, los silencios, el tono y el volumen que usamos, forma parte de lo que se denomina *paralingüística,* que también pertenece a la comunicación no verbal, tan poderosa y a veces tan subestimada.

La kinesia que veíamos cuando hablábamos de la sonrisa se refiere a cómo empleamos nuestro cuerpo en el acto de la comunicación, mientras que la paralingüística pone atención en lo que podemos hacer con nuestra voz. La paralingüística es todo lo que no son palabras, lo no lingüístico. Se consideran elementos de la paralingüística, por ejemplo, cambiar de ritmo, subir el volumen en un momento dado de nuestra comunicación para enfatizar alguna cuestión, hacer una pausa o provocar un silencio.

Entre todos los elementos de la paralingüística me fijo principalmente en la velocidad. Vivimos en un momento de aceleración social. Hemos acelerado nuestras vidas y nuestras conversaciones. Sufrimos el síndrome de la prisa, y ello ha tenido efectos en la calidad de las relaciones personales y de nuestras conversaciones. Sabemos que esa aceleración no es buena, pero también que los demás tienen prisa, así que hemos interiorizado que tenemos escasos segundos para causar una primera impresión. Nuestro lenguaje y la velocidad a la que nos comunicamos son clave para esa conexión.

Todas las personas tenemos una velocidad en nuestra comunicación con la que nos sentimos cómodas. Seguro que has percibido esa sensación de escuchar a alguien que te transmite paz, tranquilidad, relajación, pero también conoces a personas que hablan de un modo que son capaces de alterarte y a otras que lo hacen tan lentamente que desconectas al minuto de conocerlas. Entonces, ¿la velocidad conecta? Obviamente, no es solo la velocidad, como tampoco es solamente una sonrisa, lo que nos permite conectar con la otra persona, pero sin duda se trata de un elemento clave. Regular nuestro tono y nuestra velocidad respecto a los de la otra persona es algo sutil y muy eficaz para favorecer la conexión. Esta idea de regular para acompasar nuestra velocidad me recuerda otra técnica basada también en la fuerza de mimetizarnos para conectar: repetir algunas de las palabras que utiliza nuestro interlocutor. No dejes de hacerlo, pues resulta muy efectivo.

Volvamos a la velocidad: hacemos cantidad de cosas en un día; la velocidad a la que suceden los hechos en las empresas y el volumen de reuniones, visitas y conversaciones que tenemos en una jornada son altos. En muchas de mis reuniones acelero expresamente la velocidad en la comunicación. Tiene su riesgo, porque a algunos les puede parecer que tengo una comunicación muy expeditiva, pero te puedo asegurar que me ha ayudado a conectar con muchas personas. Es curioso, tengo la sensación de que ese incremento de velocidad es percibido como un acto de generosidad y adaptación al ritmo de vida acelerado. Se trata de una auténtica contradicción: se agradece una velocidad que en realidad tiene efectos negativos en cuerpo y mente. Aun así, caemos en la tentación de acelerar nuestra comunicación.

Aunque cada uno de nosotros tiene su propia velocidad, algunos estudios indican que la óptima es de 170-190 palabras/min. Por encima podríamos generar una sobrecarga cognitiva y, al revés, por debajo motivaríamos la distracción a nuestro receptor por puro aburrimiento.

Sincronizar velocidades es hoy clave para conectar con las personas. Una técnica muy eficaz para nivelar velocidades es usar el silencio, herramienta poderosa en la comunicación, aunque requiere sabiduría para utilizarse bien. El silencio en nuestras conversaciones laborales y personales puede mostrar autoridad, énfasis, respeto, humildad, confianza o incomodidad. En un momento en el que todos sabemos que el otro tiene prisa, hay que saber elegir muy bien los momentos en los que cabe o es preciso el silencio. He visto a personas emplearlo magistralmente y a otras dormir a un auditorio entero con su velocidad por debajo de las 170 palabras/min y sus silencios. Para remediar de algún modo esa velocidad a la que hoy estamos sometidos, tenemos un valioso ingrediente en este Decálogo de la comunicación: la pregunta, que nos detiene y nos conduce a la reflexión.

La pregunta, que nos hace reflexionar

Se puede comunicar con cierta velocidad, pero siempre debemos pararnos a pensar. Este es uno de los retos de nuestro tiempo. Algunas personas soñamos con esas ansiadas vacaciones de verano para descansar y pensar, como si durante el año pudiéramos sobrevivir sin pensar ni hacernos demasiadas preguntas. Esto es lo que me sucedió el verano pasado. Me encontré en pleno mes de agosto llevándome a la playa un libro maravilloso: *La virtud de pensar*, de la filósofa María Ángeles Quesada, en el que nos ofrece buenísimas reflexiones y herramientas para desarrollar nuestro pensamiento crítico. Lo que me interesa especialmente es que la autora pone encima de la mesa que la vida está llena de problemas y que estos en realidad son preguntas lanzadas al mundo. Dice Quesada que vivimos en la sociedad de la solución, cuando en realidad deberíamos vivir en la de la pregunta.

Emplear la pregunta para conectar con las personas es altamente efectivo. La actividad periodística lo pone fácil, aunque verdaderamente todos podemos utilizar más las preguntas en nuestra vida cotidiana para conectar con los demás. En casa, con nuestro equipo, con amigos, etc., ¿qué espacio dedicamos a las preguntas?

Lo esencial es que la pregunta debe responder a una inquietud genuina. Como dice Quesada: «Un niño siempre pregunta de forma genuina, porque no tiene la contención, la confusión y los clichés que los adultos vamos convirtiendo en caparazones. El niño pregunta por lo que le interesa, el adulto pregunta por lo que no le hace quedar mal. Permitámonos la libertad de expresar una inquietud genuina en la pregunta».

En los eventos y en las formaciones que imparto, uso la pregunta para conectar con las personas. Algunas van por la vida sin hacerse demasiadas preguntas y puede molestarles que alguien se las haga, pero en la mayoría de los casos las personas agradecemos cuando nos preguntan. Las preguntas nos acercan porque casi todos nos cuestionamos sobre lo mismo y nos preocupan cosas similares.

Comparto un caso sencillo en el que empleé la pregunta como herramienta de conexión. En un foro de liderazgo, me dieron el guion y comprobé que era un buen guion técnico: con anotaciones y las biografías detalladas de todos los ponentes que iban a pasar por el escenario; todo era correcto. Lo leí pero no me despertó esa emoción que se requiere para arrancar un acto. Tenía un auditorio lleno de personas y decidí a última hora prepararme un par de preguntas de arranque:

—Buenos días a todos, bienvenidos. Esto es un foro de liderazgo. ¿Por qué estáis aquí?

(Pausa marcada.)

—¿Os consideráis o queréis ser mejores líderes?

(Silencio.)

Hice un silencio más marcado de lo habitual utilizando esa herramienta, la paralingüística, que hemos visto antes al tratar la velocidad. Aquellas dos sencillas preguntas me sirvieron para conectar con los asistentes, quienes estaban atentos porque les había provocado una reflexión sobre ellos mismos. Fue mucho mejor que empezar como me indicaba el guion: «Bienvenidas a este foro, bla bla bla...». La pregunta nos ayuda a conectar cuando nos lleva a una reflexión de cierta profundidad. Es un ingrediente tan sencillo como efectivo.

Pensar es la cualidad que nos diferencia a los humanos del resto de seres vivos. Me gusta pensar, valga la redundancia, que precisamente el hecho de pensar, por la propia ley de la naturaleza, nos une.

No es cuestión de ir haciendo preguntas profundas en nuestras conversaciones de bar con amigos, pues la pregunta requiere un entorno concreto y tiempo de calidad para pensar. Y además debe ser la pregunta correcta. Ya decía Peter Drucker, padre del *management* moderno, que hay que hacer bien la pregunta: «No hay nada más peligroso que una respuesta correcta a una pregunta incorrecta». Muchos de los errores en las empresas y en la vida tienen su causa en que la pregunta no era la correcta. Precisamente el arte de preguntar es algo que podemos aprender de esta joven filósofa, Quesada, en ese libro que me leí entre baños para refrescar las ideas y unos cuantos viajes al chiringuito.

La palabra positiva, que mitiga la peor de las situaciones

Me he referido anteriormente a las ventajas que tiene el lenguaje positivo en nuestras vidas, que incluso llega a condicionar nuestra longevidad. No quiero repetirme sobre ello. A pesar de que podamos conocer la teoría, en la práctica nos pasamos el día comunicándonos con expresiones cargadas de negatividad, tanto en el trabajo como en casa: «Esto es imposible», «Me tiene harta», «Es lo que hay», «No es justo», «Estoy agobiada», «No me da la vida», y así un sinfín de expresiones negativas que habrás oído o pronunciado casi a diario.

Quiero contarte que el ejercicio más difícil en la aplicación del lenguaje positivo lo hice el día más triste de mi vida hasta la fecha. Fue en el funeral de mi padre. Solo tengo un hermano, el Tete, que nació con el don del pincel, así que puedes imaginar que me tocó a mí leer en la despedida de nuestro padre, con la iglesia a reventar de familia, amigos y conocidos. Su muerte nos llegó apresurada, solo con cuatro meses para prepararnos. Para mí fue un auténtico revés. A pesar de ello, el día de su funeral mostré la versión más positiva de mi comunicación. No voy a reproducir el escrito que leí porque no me apetece llorar mientras escribo estas líneas *positivas*, pero sí recuerdo perfectamente la primera frase que pronuncié: «Hoy es el día más triste de mi vida, sin embargo, me siento afortunada», y seguí con una lectura plagada de palabras positivas sobre cómo me sentía de afortunada por el padre que había tenido. Fue un texto homenaje lleno de palabras positivas sobre él, su personalidad, su humildad, su vida. Cuando las exequias terminaron, se me acercó un señor del pueblo al que yo apenas conocía y me dijo: «Nunca escuché a nadie hablar de forma tan positiva en una despedida».

En los responsos, las personas te dan el pésame con ese tipo de expresiones sumamente incómodas: «Mi más sentido pésame», «Que en paz descanse», «Mis condolencias», «Te acompaño en tu dolor» o «Ya descansa». Aquel señor me dijo: «Te felicito por el padre que has tenido y por las palabras tan positivas que le has dedicado», así que puedo decir que me felicitaron en el funeral de mi padre.

La positividad emocionó a aquel señor. Recuerdo que, cuando acabé el responso, arrancó un aplauso ensordecedor que, sumado a la acústica eclesiástica, me dejó impresionada. Lo llevo en mi memoria para siempre. Aquella conexión emocional fue a través de la positividad de las palabras. En la peor de las situaciones podemos hacer uso de palabras positivas para comunicarnos y conectar.

La cita, que inspira

En comunicación es habitual utilizar citas, frases célebres, refranes o datos. Se trata de elementos que nos dan pie a desarrollar un argumento y que pueden inspirar a los que nos escuchan porque tienen una carga de significado. La cita hace alusión a esas ideas a las que nos referimos para complementar alguna reflexión, ofrecer una información extra en nuestra comunicación o reforzar un mensaje.

Por ejemplo, una cita es la frase que da inicio a cada capítulo de este libro, que sirve para contextualizar el tema y nos hace pensar sobre lo que vamos a tratar. Aconsejo utilizar citas o frases célebres o titulares de noticias para reforzar mensajes. También son muy útiles en las entradas de discursos para centrar el tema y aportar argumentos para desarrollar nuestro mensaje. En el empleo de citas o frases que contengan datos numéricos, recomiendo optar por simplificar esos números y humanizarlos en busca de un titular que conecte con nuestra audiencia. Me refiero a que no es lo mismo decir, por ejemplo, que las personas trabajamos 8 h/día que decir que las personas nos pasamos un tercio de nuestras vidas trabajando. El segundo mensaje consigue un efecto superior. Cuando contamos con números, otra técnica útil consiste en utilizar la comparación. Hace poco leí que, si Apple fuera un país, estaría en términos de PIB por delante de 150 países. Este es un mensaje más potente que expresar que la valoración económica de la compañía es superior a 2 billones de euros. Los números en las citas nos pueden permitir conectar si los utilizamos sabiamente y buscamos una emoción que conecte.

La lectura nos ofrece cantidad de referencias para incorporar en nuestra comunicación, pero no es solamente la lectura lo que nos hace comunicadores más o menos cultivados capaces de tirar de citas o datos; también las personas apasionadas de la historia, del teatro o del cine aumentan sus recursos como comunicadores. Actualmente, con plataformas de contenido audiovisual como Netflix, cualquier persona, aunque no sea gran lectora, si consume contenido a través de series o documentales, puede incluir en su comunicación referencias enriquecedoras capaces de inspirar.

Todos conectamos más con las personas que nos aportan conocimiento, que nos permiten aprender. La mayoría nos sentimos más atraídos por las personas que nos amplían nuestra visión del mundo; por eso es tan positivo disponer de referencias para aportar y compartir en nuestra comunicación.

La distancia, que aproxima

¿Te ha pasado alguna vez que alguien te incomoda porque se te acerca demasiado cuando conversáis? ¿O has notado que alguien te estrecha la mano al saludarte a tal distancia que te llega a parecer una persona antipática?

Esto se debe a lo que se denomina *proxemia*, tercer elemento de la comunicación no verbal. En esta, hemos visto en elementos anteriores del Decálogo la kinesia (el significado de nuestros gestos y de todo el cuerpo, que hemos tratado especialmente con la sonrisa) y la paralingüística (el dominio de nuestra voz, tratado con la velocidad). La proxemia se refiere al uso de la distancia en nuestras relaciones interpersonales. Podemos tener la impresión de que una persona es distante y fría o, por el contrario, cercana y amable a través del uso de la distancia. La proxemia establece cuatro tipos de distancias: la pública, la social, la personal y la íntima. La primera es la habitual cuando existen audiencias y estamos a una distancia a partir de los 3 o 4 m entre interlocutores. La distancia social se da entre los 3.5 m y los 1.20 m y es una de las distancias más habituales en nuestro entorno laboral. La distancia personal también resulta común en el ambiente laboral y está entre los 1.20 m y los 50 cm. Y la distancia íntima es la habitual con personas con las que tenemos mayor confianza y se da entre los 15 y los 45 cm aproximadamente.

La proxemia es una herramienta de la comunicación interpersonal que nos ayuda a conectar con las personas, pero también puede utilizarse para enfriar relaciones.

Se trata de una técnica muy empleada por cantantes o conferenciantes que en ocasiones bajan del escenario para acercarse al público y, de ese modo, utilizando el uso del espacio y la proximidad con el público, parecer más accesibles y por tanto establecer mayor conexión. Es una eficaz comunicación no verbal. Usamos la proxemia frecuentemente en casa después de una discusión. Algunos, como mi querido marido, para mantenerse alejado, y otros, como es mi caso, que no sé estar enfadada más de 10 min, para aproximarme y así provocar una reconciliación. Cada individuo tiene sus propias reglas con la proxemia.

Si eres jefe, puedes emplear la proxemia también para acercar posiciones cuando las relaciones están tensas. Acercarte a alguien y tener un gesto afectuoso resulta sencillo y suele funcionar. El teletrabajo impide todo lo que tiene que ver con el uso de la proxemia en equipos. Las percepciones de las distancias correctas varían en función de las culturas. Hay que saber cuándo y cómo acercarse para que no resulte forzado ni malinterpretado.

Gran parte de las dinámicas de trabajo para cohesionar y fortalecer equipos de trabajo incluyen actividades que, entre otros objetivos, acortan las distancias físicas entre las personas y, de ese modo, facilitan la conexión. Acortar las distancias en nuestra comunicación va acompañado habitualmente, aunque estemos en entornos profesionales, del sentido del tacto, elemento que promueve el vínculo emocional. No me refiero a las caricias propias de las relaciones más íntimas, sino al tacto humano que también se da en nuestras relaciones profesionales. Ese tacto es un ingrediente de nuestra comunicación que también reduce el estrés, disminuye la presión arterial, calma nuestro sistema nervioso y, en definitiva, nos ayuda a la conexión. Hay personas a las que en el entorno laboral les incomoda el uso del tacto, que efectivamente solo se produce cuando se acortan las distancias. Estas personas conectan menos, y pocas veces dan una palmada en la espalda o hacen un choque de manos, y menos se saludan con un abrazo.

En la actividad comercial también cobra especial importancia la proxemia. Un caso muy evidente se da cuando entramos en una tienda y el vendedor se nos acerca demasiado, pues nos sentimos invadidos y nos puede llegar a generar malestar. Los buenos vendedores dominan la proxemia, observando cómo se siente cómodo su cliente; los malos a veces sobrepasan los límites establecidos de la proxemia.

Hace algunos años entró a trabajar una persona en mi equipo que hacía un mal uso de esta herramienta. Solía utilizar una técnica propia de lo que podríamos denominar un vendedor *enrollao*, que acaba invadiéndote el espacio. Se trata de ese tipo de personas cuyo objetivo es estrechar la relación por propio interés, por lo que se te acercan más de lo normal, te echan el brazo sobre el hombro en los primeros minutos de conversación y te hablan a escasos centímetros de tu cara en un claro salto a la distancia íntima.

En las relaciones profesionales un mal uso de la proxemia puede incomodar y limitar las posibilidades de acuerdo o negociación.

De todas las circunstancias en las que podemos usar la proxemia, la que me parece más difícil es la que tiene lugar en las relaciones maternofiliales en el período de la adolescencia. Casi la totalidad de las veces en las que intento aproximarme a mi hija adolescente, Inés, para favorecer nuestra comunicación, la distancia es interpretada por ella como invasiva. He llegado a la conclusión de que las leyes de la proxemia, tan útiles para la vida en general, en este período vital no funcionan, sufren una alteración, cuestión que habrá que tomarse con humor, que es lo que te propongo en la siguiente herramienta del Decálogo.

La chispa, que enciende y divierte

Se dice que alguien tiene chispa cuando es alegre y muestra agudeza e ingenio. Una persona con chispa es alguien que transmite vivacidad en su forma de comunicarse. Tener respuestas rápidas y estar de buen humor es para mí tener chispa. La chispa a la que me refiero como herramienta para conectar podría considerarse una derivación del sentido del humor. Se puede y se debe incorporar este en nuestra comunicación sin necesidad de ser los cómicos de la fiesta. Yo no soy una persona graciosa, ni siquiera sé contar chistes, pero persigo que las personas se diviertan cuando estoy entrevistando, presentando o impartiendo formaciones. Intento hacer uso de esa chispa que enciende el debate y la conversación con buena sintonía. Para tener chispa, hay que tener ganas de llenar el espacio en el que estés de eso que ahora llaman *buena vibra*.

No hay consejos para la chispa; solo la necesidad de perder el miedo. Muchas veces no decimos cosas que se nos ocurren porque tenemos miedo de que no se entiendan, de que resulten ridículas o de causar una impresión errónea. Hay que desprenderse de ese miedo en nuestra comunicación porque nos resta frescura. Es difícil recordar esos momentos de chispa porque suelen ser instantes y comentarios sin importancia. Comparto un ejemplo de una minichispa que utilicé en un evento recientemente y que quizás puede servir como muestra de que me refiero a algo bien sencillo que tiene mucho que ver con la naturalidad, algo que está al alcance de todos.

Me invitaron a presentar un acto de la Asociación Española de Ejecutiv@s y Consejer@s (EJE & CON) que preside Cristina Sancho. La primera ponente era Esther Duarte, directiva en la compañía promotora de viviendas AEDAS Homes. Tras su charla, acabó proyectando un fantástico vídeo corporativo de las fabulosas villas, los áticos y las viviendas que construyen. Mientras lo visionaba, me vino a la cabeza esa pregunta habitual en cualquier programa de desarrollo profesional: «¿Dónde te ves dentro de cinco años?». Cuando Duarte acabó de hablar, pedí un aplauso para ella y pregunté: «¿Cuántas veces en los últimos años te han preguntado eso de dónde te ves dentro de cinco?». Contesté yo misma: «Pues yo me veo en una de estas villas de AEDAS Homes», y sonreí lanzando una mirada a la directiva. El comentario no estaba preparado, fue una minichispa que al público le pareció ingeniosa. Sonrió y seguimos con el acto, como vamos a hacer nosotros con el último de los ingredientes del Decálogo de la comunicación que conecta.

La duración, que respeta

A pesar de lo que hemos visto hasta el momento, el protagonismo en nuestra comunicación no está en nuestras palabras ni en nuestra comunicación no verbal; el verdadero protagonismo para que la comunicación sea influyente radica en las personas que reciben nuestro mensaje y en las emociones que somos capaces de generarles. Y para ello hay una norma de oro: el respeto.

El tiempo es oro no es únicamente un programa histórico de la televisión en nuestro país, sino una máxima que debe acompañarnos en nuestra comunicación.

He visto a personas utilizar de forma excepcional algunas de las anteriores herramientas de este particular Decálogo y, sin embargo, arruinar su conexión por culpa de este elemento que es imprescindible controlar: el tiempo que dedicamos a decir lo que queremos decir.

Podemos pasarnos horas conversando en un sofá con un amigo o familiar, sin prisas, disfrutando de la compañía, pero en lo profesional, y también en muchas otras circunstancias de nuestra vida personal, el tiempo de comunicación está totalmente medido y ha de ser respetado. Un congreso, una reunión, una boda, un cumpleaños, una graduación, etc., son situaciones en las que estamos sujetos a una duración determinada si vamos a ser emisores de un mensaje. Es lo que se denomina *cronémica*, la comunicación no verbal del tiempo, es decir, todo el significado que aportamos con el concepto tiempo en nuestras relaciones.

En los eventos se incluyen temporizadores en el escenario para facilitar a los conferenciantes el cumplimiento de los tiempos, pero incluso así he visto cómo un público entregado acababa desconectando de un ponente brillante en su contenido por culpa de su mala gestión del tiempo. Cuando nos excedemos, acabamos restando efecto a nuestra comunicación.

También sucede al revés: que dedicamos poco tiempo a quien lo merece. En ocasiones las personas en nuestra actividad diaria en las empresas esperamos que un jefe o un compañero nos dediquen un tiempo determinado y, por la razón que sea, no se nos concede; también eso genera disfunciones en la comunicación. Ocurre habitualmente en reuniones de trabajo y en las relaciones laborales a las que no concedemos los tiempos necesarios para establecer una buena conexión.

En función del tiempo dedicado, estamos otorgando o restando importancia a las personas.

Cada persona tiene una gestión particular de la cronémica. Si somos puntuales o no, si enviamos wasaps a determinadas horas a personas del equipo, la duración de las reuniones, el envío de un correo electrónico a las tantas de la noche; todo esto es la cronémica, y ofrece más significado del que imaginamos.

Hay relaciones que permiten una cronémica determinada y otras no. Yo puedo enviar un mensaje vía LinkedIn o un wasap a las doce de la noche a una de mis socias; incluso podría hacerlo con alguna de las personas de mi equipo, pero nunca lo haría con otras personas. Ya hay muchas compañías que están regulando la cronémica para consensuar y establecer lo que está permitido en relación con el significado del tiempo y lo que se considera invasivo. En un entorno tan global y con diferentes modelos de trabajo, yo opté en la pandemia por incorporar un mensaje en mi firma de correo que copié a una clienta, con su permiso, y que de algún modo, aunque sea a través del correo, cumple el objetivo de no invadir por culpa de la cronémica. Dice mi firma de correo: «Mis horas de trabajo pueden no ser las tuyas. Por favor, no sientas la obligación de responder a este correo fuera de tu horario laboral habitual».

Siempre que otorguemos importancia a las emociones y percepciones de nuestro receptor, respetando sus tiempos, tendremos oportunidad de influir y conectar.

Hasta aquí llega mi Decálogo de la comunicación que conecta. Solo puedo añadir la conclusión, que dejo fuera del Decálogo porque es para mí más una obligación que una herramienta optativa, como el resto. La conclusión o idea que sintetiza nuestro mensaje es siempre necesaria. Me gustan las personas que hablan como si lo hicieran a través de titulares, pues su comunicación es poderosa, pero también las que hacen el esfuerzo de concluir.

La capacidad de síntesis nos permite conectar. Las personas agradecemos que nos faciliten las cosas. Ofrecer una conclusión no es repetir ni caer en la redundancia. La conclusión nos permite asegurarnos de que no solo hemos expresado lo que queríamos, sino que además las personas hemos entendido lo mismo. Soy pesada con la conclusión porque he comprobado que más veces de las que imaginamos las personas entendemos cosas diferentes, matices que se pasan por alto, y eso acaba provocando malos entendidos y distanciándonos.

Espero que algunos de los diez ingredientes del Decálogo te puedan resultar de utilidad para mejorar en esta habilidad cuyo potencial es inmenso y que requiere tan poco: ganas de practicar. Si hay un consejo que puedo expresar sin miedo porque funciona para todas las personas, es que siempre hay que decir que sí a un reto que te obligue a exponer tu habilidad comunicándote. Cuando nos sentimos inseguros, solemos excusarnos o buscar a otros que nos puedan suplir o incluso inventamos cualquier excusa para evitar ese mal trago. Esa es una mala decisión. Solo exponiéndote una y otra vez mejorarás y conseguirás emocionar a través de tu comunicación.

2. La comunicación, ese bombón que transforma nuestra realidad

Llegados a este punto, me permito concluir con diez ideas sobre esta habilidad bombón que es la comunicación, generadora, como el chocolate, de placer y felicidad:

- Dominar la comunicación nos acerca a nuestras metas y nos genera bienestar.
- El uso del lenguaje y las palabras positivas influyen en nuestra calidad de vida. Utilicemos más palabras positivas.
- Nuestro lenguaje interior condiciona la posibilidad de alcanzar objetivos; conviene controlarlo.
- El dominio de la CNV nos evita provocar heridas y sentirnos heridos. Hagamos uso de un lenguaje más cuidadoso.
- Si queremos influir y liderar, es imprescindible mejorar como comunicadores. La comunicación es el lenguaje del liderazgo.
- La comunicación es realmente valiosa cuando a través de ella conectamos emocionalmente con los demás.
- Mantén a raya el quejómetro, el excusómetro, el culpómetro y el criticómetro porque te restan oportunidades.
- No tengas miedo a incorporar el humor ni tampoco a mostrarte vulnerable en tu comunicación. Sonríe más y haz sonreír a los demás.
- Lee, consume cine, arte y todo tipo de cultura para enriquecer tu comunicación y ser capaz de inspirar a otras personas.

- Practica siempre que puedas para mejorar tu habilidad en comunicación porque gracias a ella podrás mostrar ese delicioso relleno del bombón, tu autenticidad.

Uno de los innegables y más productivos beneficios de un buen dominio de la comunicación es la capacidad para vendernos mejor a nosotros mismos, porque no olvidemos que aquí vendemos todos. Este es el título del siguiente capítulo, en el que, de nuevo, te espero impaciente, te dediques o no a la venta.

8
Aquí vendemos todos

«Vender es un arte, y quien sepa dominarlo siempre tendrá un trabajo».

Brian Tracy

Un día estaba paseando por la calle y dos señoras detrás de mí iban charlando. Me ocurre a menudo, en la calle, en los restaurantes, etc., que no puedo evitar escuchar las conversaciones de las personas que están a mi alrededor. Se aprende muchísimo. Aproveché que paseaba con mi perra para, disimuladamente, detenerme un poco y así escuchar mejor su conversación. Una de las señoras le decía a la otra: «Fulanita —hablaban de una tercera mujer— está siempre fardando de su sobrina: que tiene dos carreras, que es muy inteligente, que tiene un currículum espectacular, que le va muy bien... Se pasa el día alardeando de la niña, y en realidad, ¿sabes qué?, la chica es solo comercial en una empresa».

El comentario me sentó hasta mal sin conocer de nada ni a la señora que fardaba de sobrina ni a la sobrina en cuestión. ¿Acaso es un fracaso estudiar dos carreras y ser comercial en una empresa?

La venta, siendo una de las competencias más valiosas para cualquier profesional que quiera desarrollar con éxito su carrera, no está suficientemente valorada en nuestro país. Lo avanzaba en el capítulo dedicado a las bombón *skills* multiplicadoras de empleabilidad. Es curioso que, siendo un perfil, el de comercial, con gran demanda en el mercado de trabajo y grandes oportunidades de desarrollo en las compañías, resulte al mismo tiempo el que las personas menos deseamos.

¿Quién sueña con ser comercial? Los niños y las niñas quieren ser profes, astronautas, bomberos, abogados, médicos, etc., pero casi ningún niño ni adolescente nos diría que de mayor quiere ser comercial.

Aún hay personas que consideran que, si acabas de comercial en una empresa, es porque no has conseguido otra cosa mejor. Esa falta de reconocimiento del oficio de vender es posiblemente lo que hace que resulte una profesión poco atractiva. Sin embargo, todos nos pasamos el día vendiendo. Vendemos una imagen de nosotros mismos desde que nos levantamos hasta que nos vamos a dormir. Vender en realidad es seducir. Lo dice mi amigo y consultor en estrategia y ventas Enrique de Mora en el título del libro del que es coautor: *Seduce y venderás*.

La propia idea de gestionar nuestra marca personal, que está tan de moda en esta era digital, no es más que una forma de vendernos, de convertirnos en marca deseable para que el resto del mundo nos consuma. Nos pasamos el día vendiendo lo que somos, en las redes y fuera de ellas, pero ser comercial es poco glamuroso. Será por eso por lo que llevamos años inventando otras formas de decirlo: consultor, desarrollador de negocio, asesor, agente o embajador.

Mi primer contrato de trabajo como periodista fue en Cadena COPE. Apenas tenía 23 años. Me seleccionaron para llevar a cabo la producción de unos programas de radio con motivo de la programación especial de Navidad de la emisora. La contratación era únicamente para tres meses. En aquel tiempo me hice una agenda increíble de personajes y artistas del momento. Todavía me sorprende cuando veo en mi teléfono contactos como el del cantante Dyango o los de personajes ya desaparecidos, como el actor Paco Valladares o incluso el expropiado José María Ruiz Mateos, quienes eran entonces fuente de información habitual en los medios de comunicación. Fue allí donde empecé a descubrir la profesión. Pero resultó breve, pues no había lugar para mí en la redacción de informativos ni en el Departamento de Programas de la emisora. Un día antes de que acabara mi contrato, la secretaria del director general me citó en el despacho del que era entonces el director general de Cadena COPE Cataluña, Jordi Jordà. Una vez allí, aquel señor con el que yo había cruzado cuatro palabras en aquellos escasos tres meses me ofreció la oportunidad de incorporarme al Departamento de Publicidad de la emisora. Recuerdo que la conversación fue bastante breve, y a mí me pareció más una ofensa que una oferta de trabajo. Yo había estudiado una carrera universitaria y quería desarrollarme profesionalmente vinculada a los contenidos. Ponerme a vender cuñas de radio me pareció una actividad de menor cualificación; sentí como si hubieran menospreciado mi formación. En aquel momento pensé que vender publicidad era una tarea que podía hacer cualquier persona que tuviera un poco de palique y buena labia. «Yo me he preparado para algo más que vender», me dije en mi interior, así que rechacé la oferta. Y así es como se acabó mi etapa en la radio. Afortunadamente, luego llegaron nuevas oportunidades en el entorno de los contenidos. No me he arrepentido de aquella decisión, aunque con el tiempo he entendido que no valoré correctamente la oportunidad que suponía la oferta. Alguna vez incluso he fantaseado con la idea de que, si hubiera aceptado el puesto, quizás con el tiempo hubiera llegado a ser directora de Publicidad y después posiblemente directora general de una de las principales cadenas de radio de nuestro país. Estuve equivocada con los motivos por los que rechacé la oferta; tuve prejuicios. Ya sabemos que la vida nos tiene preparadas algunas sorpresas. En los últimos veinte años la mayoría de mis horas de trabajo han estado destinadas a vender: he vendido publicidad en papel, digital, *branded content*, patrocinios de eventos, formación y otros servicios para compañías. Buena parte del conocimiento que he adquirido en estos años como empresaria ha sido a través de la actividad comercial. Mi aprendizaje es que debemos analizar sin prejuicios las oportunidades que se nos presentan, a pesar de que puedan parecer alejadas de nuestro objetivo y perfil profesional.

Hoy las organizaciones buscan talento muy formado para puestos comerciales. La tecnología ha permitido profesionalizar mucho las ventas y el marketing. Sin embargo, seguimos teniendo en nuestro país una mala percepción de la figura del comercial, y es una paradoja porque todos sabemos que las ventas son esenciales para sostener cualquier negocio e impulsar su crecimiento. Siguen existiendo en el seno de las empresas muchos estereotipos y sesgos sobre la acción de vender y la personalidad de quienes venden. Debemos valorarlos más porque sin su labor nada tiene sentido. Las nóminas no las pagan los socios, sino los clientes. Si no hay ventas, yo no puedo pagar las nóminas de mi equipo. Si no hay ventas, tú no cobrarías. Si no hay ventas, no existirían las empresas. Si no hay empresas, no hay sociedad de progreso. En el prestigio a la disciplina de la venta deberíamos parecernos más a los estadounidenses.

En algunas compañías las personas hemos eludido una responsabilidad que es recomendable que sea de todos y erróneamente se ha adjudicado únicamente al Departamento de Ventas. Convertir una conversación en una venta, poner en valor la diferencia de la empresa en la que trabajamos con un grupo de amigos o provocar una oportunidad para que se cierre un negocio son tareas que todos deberíamos asumir como propias en una compañía.

Hace años entró a trabajar en mi empresa Sofía Álvarez de la Gala, quien se ocupaba de la recepción, la mensajería y algunos temas de administración. Tenía cero responsabilidad sobre las ventas de la empresa. Ni siquiera contaba con experiencia en nuestro sector. Al poco tiempo de estar con nosotros, a través de un amigo suyo, motivó una reunión, fui a visitar a su contacto y eso me permitió cerrar una venta y conseguir un buen cliente. Lamentablemente esto me ha ocurrido muy pocas veces. Sofía se fue a vivir a Texas y para su relevo nos presentó a su hermana Rocío, quien ocupó durante años su sitio. Sofía no solo me permitió conseguir un cliente, sino que *me vendió* también a su hermana. Este suceso da sentido al título de este capítulo: Aquí vendemos todos. Conozco a personas que llevan más de quince años trabajando en la misma empresa y no han generado nunca una oportunidad de negocio. No es necesario que trabajes en el departamento comercial para vender. Desde el CEO hasta el administrativo o recepcionista de una compañía, todos podemos vender.

Una de las mayores dificultades que he tenido durante estas dos décadas y sigo teniendo actualmente es localizar talento y actitud comercial. He fracasado rotundamente en la búsqueda de personas con función comercial. Parece sencillo —yo misma lo pensé hace veinte años cuando rechacé aquella oferta en la radio—, pero no lo es.

Para desarrollarse en lo que se refiere a las ventas, resulta esencial conocer bien el producto y el sector donde se va a trabajar, si bien últimamente ni siquiera conocer el sector es requisito imprescindible, pues cada vez más empresas seleccionan a personas con actitud comercial procedentes de otros ámbitos para activar la innovación y el talento diverso en las organizaciones.

En todo caso, una vez superado el conocimiento del producto, el resto de cualidades de un vendedor se puede adquirir, absolutamente todas. Actualmente existen cientos de herramientas tecnológicas, canales y métodos para aprender a vender más y mejor.

He identificado en estos años tres habilidades que, cuando alguien las posee, suponen una gran ventaja sobre otras personas. Son cualidades que se entrenan: el denominado don de gentes, la voluntad y saber contar historias. Se trata de tres elementos determinantes para un buen desarrollo profesional en el área comercial, pero también son favorables para el éxito de nuestras carreras profesionales. Vamos por la primera: ¿cómo vas de don de gentes?

1. Don de gentes versus cantamañanas

Reconocemos fácilmente cuándo alguien tiene don de gentes. Se trata de esas personas que dejan huella en el primer encuentro por su carisma, su autenticidad, su capacidad de conectar. Decimos que una persona tiene don de gentes cuando algo la hace magnética. La buena noticia es que, según Euprepio Padula, experto en liderazgo y autor del libro *Don de gentes. La clave para triunfar en la vida*, a pesar de lo que puede parecernos, el don de gentes se puede entrenar. Eso sí, no debemos confundirlo con la fácil verborrea.

«Tú le vendes hielo a un esquimal», me dice a menudo una amiga. Esa expresión me recuerda la necesidad de remarcar la diferencia entre persuasión y manipulación. Persuadir no es manipular y vender no es engañar. El engaño, la manipulación, es lo que hacen los cantamañanas, que nada tienen que ver con los comerciales, pero que desafortunadamente suelen invadir sabiamente el terreno comercial. Mi padre identificaba a los cantamañanas en una décima de segundo. Si conocíamos a alguien los dos a la vez, con solo una mirada yo sabía si él estaba pensando que era un cantamañanas. Se trata de ese tipo de personas que hablan mucho y hacen poco. El cantamañanas promete y no cumple. Lo malo es que a veces cuesta detectarlos. Son personas interesadas, habitualmente mentirosas y sin escrúpulos. En mi trayectoria he conocido a unos cuantos cantamañanas. Al cantamañanas le interesa más su beneficio que la verdad. Hay que huir de ese tipo de personas, aunque a veces te enredan y te hacen perder mucho tiempo. Hasta la fecha solamente una vez he recurrido a la justicia por dificultades en una relación comercial, y fue por culpa de un cantamañanas.

Habíamos organizado un evento y una entidad debía dinero a mi empresa; no quería pagar una parte del importe acordado, a pesar de que habíamos hecho el trabajo. Me costó decidirlo, pero finalmente la denuncié. Unos días antes del juicio, mi abogada me llamó por teléfono para decirme que ofrecía pagarnos la mitad de la deuda si no íbamos a juicio. Recuerdo perfectamente cómo me advirtió de las posibilidades: si aceptábamos el acuerdo, esa entidad nos pagaría la mitad de la deuda, pero si no lo aceptábamos, podríamos perder el juicio, no cobrar nada y asumir las costas judiciales. El cantamañanas siempre intenta que la verdad no gane o gane a medias (pretendía el pago del 50 %). Le expliqué a mi abogada cómo me sentía en aquel momento y me escuchó con empatía porque es una profesional y porque además es mi amiga desde que intentábamos entrar en discotecas sin la edad legal permitida —¡paradojas de la vida, Nuri!—. Me había esforzado muchos años de mi carrera profesional, había intentado hacer las cosas de la mejor forma posible con bastante esfuerzo. Nunca antes había tenido que recurrir a los tribunales. No iba a permitir que alguien pusiera en duda mi profesionalidad y la de mi empresa ofreciéndome la mitad de lo que me debía. Así que rechacé la oferta. Ganamos el juicio: el cantamañanas y su organización pagaron la deuda y también las costas judiciales. Se puede ser una gran empresa sin ser una compañía grande. Mi gran empresa ganó el juicio ante una entidad muy reconocida en su sector en Barcelona, liderada por un cantamañanas. Don de gentes y cantamañanas no es lo mismo; hay que estar alerta.

2. Voluntad y resistencia para sobrellevar el no como respuesta

No basta con ese deseable don de gentes; la actitud es clave. Lo hemos visto con las virtudes del liderazgo bombón. En la actividad comercial, como en la vida cuando las cosas no salen bien, hay mucha frustración. Lo bueno del asunto es que la venta nos prepara para la vida.

Hoy existen muchos tipos y canales de venta. Hay sectores en los que la venta es más compleja que en otros. Sea cual sea el tipo de empresa e industria, en la actividad de vender siempre existen frustración y cierta hostilidad.

Los que dedicamos parte de nuestra actividad a vender hemos experimentado ese subidón de adrenalina que genera una venta, pero también conocemos el efecto contrario. Las personas del área comercial debemos aprender a gestionar muy bien el no. La frustración y el estrés que causan las negativas en el Departamento de Ventas pueden ser demoledores. Nuestro cerebro y nuestra inteligencia emocional han de interpretar el no de modo correcto para que no afecte a nuestra autoestima ni reste motivación a la actividad diaria. No es fácil, pero, como el don de gentes, también la correcta gestión del no se aprende. Alguien que cree mucho en sí mismo, en sus capacidades, y que es perseverante, tendrá un camino más fácil en el Departamento de Ventas que una persona con baja autoestima y poco perseverante. La voluntad y la resistencia son clave.

Cuando recibimos un no como respuesta, sentimos emociones negativas: tristeza, rabia, desánimo, etc. Esto ocurre cuando no te conceden un aumento de sueldo, no te seleccionan en un trabajo, no logras una beca, la persona de la que te enamoras te dice que no, no apruebas un examen, etc. Las respuestas negativas se van acumulando a lo largo de la vida, no lo podemos evitar, pero podemos contribuir a tener mejores experiencias en las relaciones comerciales. He recibido muchas respuestas negativas en mi carrera profesional —la cifra podría ser de miles—, y me ha servido para identificar cuatro comportamientos muy habituales cuando las personas damos un no como respuesta en una relación comercial:

- **Cliente desaparecido.** Es ese potencial cliente que desaparece. Incluso puede coincidir con el típico que te solicita una propuesta de forma muy urgente, te esfuerzas para enviarla con celeridad, se la mandas, pasa el tiempo, haces seguimiento y nunca llega ninguna respuesta, ni siquiera negativa. Se esfumó. Es el más irrespetuoso de los potenciales compradores. No ha aprendido ni siquiera a decir que no.

- **Cliente prometedor.** Se trata del potencial cliente que te comunica que en esta ocasión no compra, pero suele prometer que habrá otras oportunidades afirmativas en el futuro. Desde el punto de vista del vendedor, se agradece porque piensas que puede ser el inicio de una buena relación, aunque todos sabemos que el que se dedica a la venta quiere cerrar el negocio en el corto o medio plazo, no dentro de unos años.
- **Cliente sobrado.** Es ese tipo de persona poco humilde que, cuando va a decir que no a una propuesta de producto o servicio, te hace sentir que lo que ofreces no tiene demasiado valor. En sus formas suele menospreciar lo que ofreces. Es más habitual de lo que imaginamos. Se trata de personas más ancladas en la arrogancia que en la humildad. En la venta hay que escuchar para aplicar mejoras en lo que vendas, pero este cliente lo hace de una forma que no te ayuda a aplicar ninguna mejora.
- **Cliente compasivo.** Se trata del cliente que, aunque comunica que no, siente empatía por el vendedor y ofrece diferentes argumentos sobre la negativa. Se identifica con el vendedor e incluso, para aliviar los efectos de la respuesta negativa, a veces ofrece más información de la necesaria: de tu competencia, de su presupuesto, etc. En ocasiones también es un cliente prometedor. Sin duda, este es el potencial cliente deseado, porque entiende la dificultad de la venta y es respetuoso con el vendedor. La compasión resulta poderosa, es la emoción que nos ayuda a entender al otro; no es misericordia ni lástima. Todos, cuando iniciamos un proceso de compra, sea lo que sea, y aunque finalmente no compremos, podemos ser más compasivos para convertir las experiencias comerciales en relaciones más enriquecedoras.

Estos cuatro comportamientos los he observado recibiendo el no como respuesta. También afortunadamente he recibido bastantes veces un sí; sin estos síes no habría sobrevivido como empresaria. No tengo categorizados los comportamientos cuando un cliente aprueba tu propuesta comercial, pero tengo claro que el único sí valioso es el que llamo *sí renovado*. Me gusta pensar que un cliente no es el que compra una vez, eso es simplemente una venta; el verdadero cliente es el que repite, el que renueva su confianza en tu producto o servicio. Pueden existir ventas únicas, que dan servicio a necesidades puntuales, para una sola ocasión, pero en la mayoría de los casos lo que hace un vendedor comprometido es conseguir que el cliente repita. El buen vendedor se interesa desde el inicio hasta que termina el servicio, preocupándose de la satisfacción final de su cliente. Ese sí renovado del cliente que repite es el que produce mayor satisfacción y te asegura la continuidad del negocio. Desde hace más de diez años la empresa NACEX, perteneciente al grupo Logista, confía en mi compañía patrocinando una de nuestras comunidades. Gracias a esa apuesta continuada en el tiempo de su director general y de su directora de marketing, hemos ido evolucionado todos estos años. No es sencillo en el ámbito del marketing, en el que las grandes compañías reciben cientos de propuestas, mantener esa confianza. Gracias, Manuel y Arianne, por más de una década apoyando a Canal CEO. Es obvio que la fidelización de clientes, además de ser recomendable, también resulta una poderosa herramienta de mejora. Ocurre a menudo que los clientes que renuevan su confianza son los que te permiten innovar, aprender y mejorar en tu producto o servicio.

La venta es un proceso en el que puede que tengamos buenos vendedores, pero después, por los eslabones propios de la cadena de cualquier empresa, algo puede salir mal en los procesos y afectar al logro de un sí renovado. Pero esa es otra historia en la que entran en juego los modelos y procedimientos de posventa de los negocios.

3. La necesidad de saber contar historias

Si tenemos conocimiento de lo que vendemos, don de gentes y voluntad, disponemos de un buen punto de partida. Pero hay otro elemento necesario: hay que saber contar historias. El gran secreto para aprender a comunicar mejor es captar la atención de nuestro interlocutor, muy especialmente si se trata de un cliente potencial. En un mundo tan competitivo, solo dedicamos tiempo a lo que tiene un estilo propio.

No es tan difícil encontrar a personas con don de gentes, fuerte voluntad y resistencia al no; lo que sí resulta difícil es conseguir que sepan contar esas historias que hacen que el producto o servicio sea apetecible para comprarlo. Es el *storytelling*, que tan bien han desarrollado las grandes marcas para conectar emocionalmente con los consumidores. Si no eres Coca-Cola ni Apple, lo más probable es que tengas que esforzarte en la forma de llegar al cliente. Ser diferente en nuestra aproximación al cliente resulta clave. Si te interesa aprender sobre *storytelling*, un especialista al que he tenido oportunidad de entrevistar es Giuseppe Cavallo, autor del libro *Habla con el corazón* y experto en la construcción de narrativas con impacto, es decir, en lograr contar para conectar. La mayoría de las relaciones comerciales están basadas en un proceso de conexión.

Imagina por un momento que tienes las habilidades para vender: conocimiento del producto, don de gentes, voluntad y formación en la técnica de saber contar historias. ¿Lo tendrías todo resuelto para ser un gran vendedor? No. Contarías de nuevo con un buen punto de partida, pero el proceso de cualquier venta es complejo y por el camino suceden muchas cosas.

Hay tres elementos que para mí son clave en todo proceso de venta de servicios y que se pueden aplicar también a la venta dirigida al consumidor. Son bastante sencillos, quizás obvios, pero es en los que he visto que se producen la mayoría de los errores en los procesos de venta. Son: la verdad, la escucha y el compromiso, elementos esenciales para que una venta pueda considerarse un éxito en todo su proceso y, lo más importante, ingredientes básicos en la tarea de comunicar mejor.

4. La verdad en la venta

Me refiero con *la verdad* a la necesidad de ser sinceros en todo proceso de venta. Podría citar cientos de ejemplos en los que por la necesidad y el interés en vender acabamos suspendiendo en sinceridad. Si el producto o servicio son correctos y no engañosos, siempre podrás utilizar la verdad como elemento base de una venta. Te contaré un ejemplo en el que opté por la sinceridad a pesar del riesgo de no conseguir la venta. Si eres asiduo al gimnasio, conocerás la firma líder de equipamiento de *fitness* Technogym. Hace diez años me cité en una cafetería del desaparecido Boulevard Rosa de Barcelona con la entonces directora de marketing de esta multinacional italiana. Le expliqué con detalle el proyecto que entonces iniciábamos sobre Bienestar corporativo, la comunidad de profesionales del bienestar laboral (www.miempresaessaludable.com).

Después de escucharme atentamente, me preguntó: «¿Cuántos usuarios únicos tienes y qué perfil de profesional te lee?». Las dos cuestiones exigían gran sinceridad. El proyecto estaba comenzando, no teníamos más que un dominio en Internet, empezábamos a generar contenidos y no sabíamos quién nos leía ni aún habíamos generado la suficiente audiencia. No disponíamos de una cifra de usuarios únicos ni de páginas vistas para que fuera atractiva la respuesta a aquellas dos preguntas. Opté por decirle la verdad: estábamos empezando, necesitábamos apoyo para conseguir esa audiencia, teníamos el compromiso y las ganas de hacerlo bien, pero no disponíamos todavía de audiencia. La directora de marketing de Technogym nos apoyó, y en estos diez años esta multinacional ha seguido haciéndolo a través de diferentes acciones e incluso con distintas personas al frente del Departamento de Marketing y Ventas. Siempre, sea en la madurez de los proyectos como en los arranques, la verdad es clave. La sinceridad prepara el camino a una buena venta.

> Todo proceso de venta aumenta su probabilidad de éxito si contiene sinceridad y transparencia en la negociación.

El experto en ventas y conferenciante ya citado De Mora explica muy bien la diferencia entre la buena venta y la mala venta. Mientras que la mala se enfoca en el producto, la buena lo hace en el cliente, en sus necesidades, en las soluciones y en las experiencias alrededor de él; la buena venta funciona a largo plazo, mientras que la mala lo hace en el corto y persigue, pues se basa en el agotamiento, mientras que la buena venta atrae. Su último libro, *La nueva venta. Instrucciones de uso*, es un manual interesante para aprender a vender mejor en un entorno cambiante como el actual.

La sinceridad también aplica para saber lo que puedes ofrecer y lo que no. El arte de vender no es convencer al otro, sino asegurarte de que su expectativa se podrá cumplir. Y aquí es donde entra en juego la segunda clave para mí de todo proceso de venta: la escucha.

5. La escucha activa que debe convertirse en efectiva

¡Cuántas veces tenemos un porfolio de productos y servicios y vamos con el objetivo prioritario de que algo le encaje al cliente! Yo misma he cometido ese error bastantes veces. Escuchar activamente al cliente es hacerle preguntas para entender bien su necesidad. En realidad, la escucha activa tiene como fin convertirse en efectiva, en venta.

No podemos olvidar que vender es servir. En esto vender y liderar se parecen mucho. Liderando sirves a tu equipo; vendiendo sirves a tus clientes. Donde se entiende mejor la idea de la venta asociada al verbo *servir* es en el ámbito de la restauración. Hablamos de *servicio* cuando hacemos referencia a las personas que nos atienden en un bar o en un restaurante. Ese camarero que te sirve un refresco o un plato en la mesa hace un trabajo más valioso de lo que a veces pensamos.

En mi empresa gestionamos una comunidad de profesionales denominada Barra de ideas (www.barradeideas.com) para la que llevamos más de diez años generando contenidos para el sector de la restauración y la hostelería. Si tienes un negocio de restauración o trabajas en el sector HORECA (hoteles, restaurantes y cafeterías), creo que puede *servirte*, nunca mejor dicho. Hace algunos años en uno de los eventos que organizamos desde Barra de ideas escuché a un ponente decir que el gran error en la gestión de restaurantes es pensar que «los camareros son transportadores de comida, cuando en realidad el negocio está en sus manos, depende en gran medida de ellos». Efectivamente, un buen camarero es un gran vendedor, pues a través de sus sugerencias consumiremos de un modo o de otro. En gran medida la experiencia de disfrute y felicidad compartida que buscamos en un restaurante depende de quién nos sirve. El camarero es venta y servicio a la vez. En cualquier proceso de venta, del mismo modo que el camarero observa e interpreta a su comensal, la escucha nos sirve para detectar lo que más puede servirle a nuestro interlocutor de todo lo que tenemos en nuestro menú de productos o servicios.

En la venta hay que escuchar para saber recapitular y hacer la propuesta más acertada posible. Muchas veces no llegan a producirse las ventas porque estamos más concentrados en vender nuestro porfolio que en lo que el cliente nos dice.

¿Qué pasa cuando aceptamos en un restaurante la sugerencia del camarero? Que él se la juega. Con las sugerencias del día, el camarero pone su compromiso por delante. Y compromiso es precisamente el tercer elemento clave de todo proceso de venta y donde más veces he visto cometer errores.

6. El compromiso real

Detrás de la mayoría de las ventas hay una persona que ha hecho una promesa, se ha comprometido con la utilidad de un producto o servicio. Esto resulta especialmente sensible en las compañías de servicios. Siempre he sido consciente de que en cada venta está en juego la credibilidad de una persona y de una organización. Lo que habitualmente llamamos *dar la cara* es lo que hacemos las personas que vendemos en una empresa.

> El sí renovado se produce únicamente cuando se ha cumplido el compromiso del vendedor o de la marca.

Decía antes que el sí renovado, ese cliente que repite, favorece la continuidad de los negocios. Y es así precisamente porque el compromiso ha funcionado. Cuando compramos, estamos confiando en una promesa, y todos sabemos que las promesas están para cumplirlas. La venta constituye una cuestión de expectativas, y hay que conocer muy bien las del cliente para no fallar. Por ese motivo, una vez que el cliente ha comprado, hay que seguir haciéndole preguntas. Asegurarnos de que podremos cumplir el beneficio que tenemos previsto conseguir: esa es la tarea de un buen vendedor.

Y aun así, haciendo preguntas y estando comprometidos con la promesa, a menudo las expectativas no se cumplen del todo y aparece cierta insatisfacción por parte del cliente. Debemos tener la humildad para reconocer que en ocasiones el servicio no ha sido el correcto. Es entonces cuando hemos de volver a dar la cara. Cuántas veces hemos visto que vendedores, marcas y organizaciones, una vez que el producto está vendido, pierden el interés. Se trata de compañías que suspenden en la posventa.

Hay que esforzarse para empezar un proceso de venta con la sinceridad, desarrollarlo a través de la escucha y cerrarlo con el compromiso.

El compromiso también afecta al comprador. Algo que me llama la atención es la capacidad de algunas personas para deshacer acuerdos comerciales. En los últimos años me he encontrado con clientes que, aprovechando que a veces no hay un contrato de por medio, intentan deshacer una venta. El compromiso va más allá de un contrato legal; está en las palabras y en la comunicación de las personas.

Doy las gracias a todos los clientes que en algún momento de mi carrera han confiado en mis servicios. Son absolutamente los responsables de que hoy siga creando proyectos y manteniendo empleo. Me siento afortunada por recibir el apoyo de buenos profesionales que trabajan en compañías tan reconocidas como Gallina Blanca, Instituto Cervantes, ING, Ferrer, Grupo Santa Lucía, Mahou, Universidad La Salle, GSK, Mutualidad de la Abogacía, Elecnor, etc. Gracias a todas las personas que desde estas y otras muchas organizaciones me permiten aprender diariamente de la venta y de los negocios.

Del mismo modo, admiro y aprecio a las personas que con su don de gentes, con su voluntad, siendo sinceras y comprometidas me han acompañado en todos estos años vendiendo. Han sabido contar historias y provocar conversaciones. Gracias a Charo Hernández, a Arantxa Brull, a Luz Cantillo, a mi socia Ana Mallada y a todos con quienes en estos años he compartido esa admirable y honrosa tarea que es vender y provocar conversaciones.

Hay una frase que me gusta de Lori Richardsond, CEO de Score More Sales, una de las primeras compañías consultoras en ventas para emprendedores: «Vender es sencillamente tener conversaciones».

Llegados a este punto, quizás te has preguntado: ¿qué puedo yo hacer para vender si no estoy en un Departamento de Ventas?

Siempre puedes provocar buenas conversaciones. Toda conversación es una oportunidad.

Una buena conversación puede ser una oportunidad para una organización, pero también para ti en la vida.

En toda conversación conviene liderar bien el diálogo y comunicar mejor. A eso vamos a dedicar el siguiente capítulo, a la conversación como oportunidad.

9
La conversación como oportunidad

«A veces la más grande aventura es simplemente una conversación».
Amadeus Wolfe

¿Cuál es la última buena conversación que has tenido en los últimos días? Quizás estés preguntándote a qué me refiero realmente con *una buena conversación.*

Recopilo a continuación algunas de las sugerentes reflexiones con las que literatos y filósofos han definido el acto de conversar a lo largo de los siglos:

- Conversar es un encuentro de mentes y corazones con recuerdos y costumbres diferentes. Octavio Paz.
- Las conversaciones son instantes cruciales de la vida de las personas que ponen a prueba la inteligencia y el carácter. Isabel Allende.

- La conversación es un lugar de encuentro con los demás, pues los cambia y nos cambia. Fernando Sabater.
- Conversar es dar cuenta de nosotros mismos a través de nuestras palabras, de nuestros silencios... Conversar es dejar huella de quiénes somos. Ralph Waldo Emerson.

En su libro *Las conversaciones que NO tenemos,* dice Álvarez de Mon, profesor del IESE: «La calidad de nuestras relaciones, la calidad de nuestro liderazgo, nuestra capacidad de influir en los pensamientos, sentimientos, conductas de los demás, para seducir a nuestro interlocutor, en última instancia, nuestra aptitud e inteligencia para gobernar nuestras vidas, depende en gran medida de la calidad de las conversaciones que mantenemos con los demás y con nosotros mismos. Unas y otras se retroalimentan».

Está claro que nuestras conversaciones tienen un fuerte efecto en las cosas que nos suceden en la vida. Parece entonces lógico que queramos hacerlo bien. ¿Cómo definirías entonces una buena conversación?

La buena conversación es sobre todo la que nos brinda una oportunidad. Las conversaciones son un vaivén de conocimiento, experiencias y emociones. Si a través de ese vaivén aprendemos y nos enriquecemos intelectual o emocionalmente, ha sido una buena conversación.

> Las buenas conversaciones nos accionan, nos cargan de energía. La buena conversación se define porque nos aporta algo positivo, siempre tiene beneficios.

Con una buena conversación compartimos experiencias y somos capaces de crear proyectos, de cerrar negocios, de estrechar lazos afectivos, de entender mejor al otro y de compartir y disfrutar ese balanceo de pensamientos, ideas y temores de los nuestros y de los demás.

Pero seamos realistas: un día cualquiera en nuestras vidas está repleto de conversaciones a veces superfluas, llenas de indiferencias, chascarrillos o rumores. ¡Cuántas charlas tenemos llenas de tópicos que enriquecen bien poco! Esas no son buenas conversaciones.

Hay personas especialistas en llevar las conversaciones hacia esos lugares. La cuestión es: ¿cuántas de esas conversaciones caben en tu día? No me refiero a que nos pasemos el día conversando de filosofía, macroeconomía o cualquier otro tema sesudo, pero creo que resulta recomendable establecer una especie de cupo máximo para las conversaciones superfluas.

Además de las conversaciones superfluas, están las que despiertan a la fiera que llevamos dentro. Esas son aún peores. Son aquellas en las que nuestra incontinencia verbal a través de malas palabras, descalificativos e interrupciones acaban desembocando en desencuentros y heridas emocionales que pueden ser difíciles de curar.

«Te pones como una fiera», suele decirme mi madre en este tipo de conversaciones que paradójicamente tenemos con las personas que más apreciamos. Yo perdí para siempre la relación con un primo con el que crecí en mi infancia casi como hermanos por culpa de una mala conversación. No hubo gritos ni descalificativos, pero fue sin duda una mala conversación con palabras de esas que hieren, como dardos que apuntan directos al corazón. Pensé durante años que teníamos una conversación pendiente y que quizás podíamos reparar el mal, pero no fue posible. Una pena. Una mala conversación puede echar al traste cualquier relación, por bonita que sea; lo sé por experiencia. Con los años he aprendido a evitar ese tipo de conversaciones tan dañinas.

No se trata de estar de acuerdo siempre con las ideas y opiniones de las personas de nuestro entorno, pero sí de tomar conciencia de la importancia de nuestras palabras y de la necesidad de tener un mayor dominio de nuestra comunicación para mantener conversaciones constructivas y eficaces. Las conversaciones, del mismo modo que nos generan bienestar y hacen que nos pasen cosas buenas, también pueden destruir relaciones y generarnos dolor y malestar.

Según Álvarez de Mon, «La forma es el fondo; cuando descuidamos la forma, subimos el tono, el cuerpo emite señales de crispación y todo se echa a perder».

Tú decides sobre qué y cómo conversas con los demás y qué tipo de conversaciones quieres que predominen en tu vida: buenas, superfluas o malas.

Una vez definido lo que para mí es una buena conversación, ¿cómo te calificarías como persona conversadora?

1. Diez tipos de conversadores

Por deformación profesional he identificado diez tipos de conversadores. Esta es mi particular clasificación de comportamientos y actitudes conversacionales.

1. **Conversador maestro.** Entiende la conversación como la posibilidad de resultar de utilidad a los demás a través de sus ideas. Su gran valor es que provoca aprendizaje en ellos. Lo que otorga la categoría de conversador maestro no es el conocimiento específico sobre una materia, que por supuesto atesora, sino su capacidad para provocar en sus conversaciones el enriquecimiento de los demás. El conversador maestro consigue activar, iluminar el cerebro, de los que lo escuchan. Es la persona más deseable para conversar.
2. **Conversador distorsionador.** Es como un kamikaze de la conversación. Suele alterar el significado o interpretar los hechos a su manera deformando el sentido que podía tener la conversación inicialmente, es decir, malinterpreta ideas, increpa y hace que las conversaciones deriven en algo no deseado. En la distorsión utiliza normalmente el ataque, y se siente habitualmente atacado u ofendido.
3. **Conversador elocuente.** Sin necesidad de recurrir a chistes, solamente con su ingenio, aporta diversión a cualquier conversación. Consigue generar emociones positivas en las conversaciones en las que participa, y lo hace habitualmente motivando la risa o sonrisa del resto.
4. **Conversador afectivo.** A través de la incorporación de sus emociones habitualmente en sus conversaciones, logra conectar con el resto. A veces no dice grandes cosas, pero muestra con facilidad su afecto, lo que resulta fantástico en este mundo lleno de análisis y datos en el que vivimos.
5. **Conversador ególatra.** Está enfocado en tener la razón y en llevarse las conversaciones a su terreno. Acaba siempre derivando la conversación hacia su vida, sus amigos, sus circunstancias, sus logros, sus penas, etc. Boicotea las conversaciones porque quiere ser protagonista. Pueden llegar a ser conversador único, convirtiendo la conversación en un monólogo.

6. **Conversador simplificador.** Tiende a reducir la profundidad de los temas de las conversaciones. Baja el nivel de los pensamientos y evita la controversia. Suele tener buenas formas, aunque normalmente carece de iniciativa como conversador. No hay que confundirlo con quien no participa en una conversación cuando no tiene conocimiento sobre la materia que se aborda; eso es prudencia, no simplificación.
7. **Conversador enredo.** Habla mucho sin decir demasiado o nada. Suele comunicarse de forma dispersa, ambigua, de modo que enreda el mensaje. En ocasiones se trata de una persona extrovertida y a menudo es un conversador atrevido. El cantamañanas visto en el capítulo Aquí vendemos todos, por ejemplo, frecuentemente practica la conversación enredo.
8. **Conversador sabelotodo.** Tiene algo que aportar en toda conversación y sobre cualquier tema, la gran mayoría de las veces sin añadir valor extra a la conversación.
9. **Conversador negativo.** Tiende a incorporar elementos negativos en cualquier conversación, generando un ambiente y una energía depresivos. Es la versión chunga del Pepito Grillo.
10. **Conversador no conversador.** No le disgusta formar parte de conversaciones grupales, pero no suele participar expresando sus ideas. Es un auténtico observador de la conversación, normalmente una persona introvertida y en ocasiones con ciertos complejos. No debe confundirse con la prudencia del que no sabe del tema.

Conversar es parte de mi actividad profesional, y tengo la suerte de hacerlo en los actos en los que participo con personas que, además de inteligentes, son grandes conversadoras.

Todas las personas en un momento dado podemos tener características de diferentes tipos de conversador. El entorno y nuestro estado de ánimo nos condicionan, de forma que en determinadas situaciones adoptamos comportamientos o características de diferentes tipologías. Aun así, he podido comprobar que cada individuo tiende hacia uno o dos tipos de los enumerados.

> Nuestra forma de conversar es en realidad una proyección de lo que somos.

Con visión autocrítica, ¿qué tipo de conversador de estos diez crees que te define más?

Según el conferenciante Jim Rohn, «Somos el promedio de las cinco personas que nos rodean». A través de esta frase, este estadounidense que fue millonario a los 31 años nos alertó sobre la necesidad de vigilar y cuidar nuestro entorno para que no frene nuestro éxito. Él tenía claro que las cinco personas que nos rodean y con las que pasamos más tiempo acaban influyendo notablemente en nuestros pensamientos, acciones y valores. Si influyen en nuestros logros en la vida y sabemos que nuestras conversaciones son oportunidades para que nos sucedan cosas, habrá que prestar atención a los tipos de conversadores que tenemos habitualmente alrededor.

Las personas de tu entorno más próximo, las que crees que más influyen en tu vida, ¿qué tipo de conversación tienen?

Hay tres elementos a los que prestar atención en nuestro papel como conversadores. Son sencillos, pero, quizás por eso, los obviamos a menudo: la escucha, la empatía y el respeto. En entornos de confianza es cuando habitualmente nos olvidamos de estos elementos, aunque también en las empresas flaquean con frecuencia. Cuántas veces estamos conversando con un compañero de trabajo y pensando únicamente en nuestra respuesta, casi sin prestar atención a su mensaje. Confieso que yo misma hago esfuerzos en las conversaciones para evitar ese objetivo de querer tener la razón, que es tan frecuente y lo que hacen los malos conversadores y quienes se pasan por alto los elementos básicos de una conversación. A veces no escuchamos porque nuestro principal objetivo es visibilizar nuestro criterio o nuestra opinión. Al no escuchar, tampoco activamos la empatía, que es esa idea de entender al otro desde su realidad, no desde la nuestra. Y de ese modo faltamos al respeto, quizás no en las formas, pero sí en el fondo. Así, otro error habitual que sucede a menudo con las personas que tenemos mayor confianza es faltar al respeto en las formas. El reto en las conversaciones es enriquecer a los demás, argumentar con respeto nuestra posición y permitir el disfrute. Si no es así, no se trata de una buena conversación.

Tanto en el entorno profesional como personal, siempre me ha llamado la atención que haya personas capaces de motivar conversaciones que dan lugar a oportunidades y otras que habitualmente no lo consiguen. ¿De qué tipo quieres ser?

Te decía en la introducción que me siento afortunada porque tengo la oportunidad por mi trabajo de conversar con mentes brillantes, con auténticos conversadores de la tipología 1, los maestros.

No puedo recoger todos los aprendizajes que me han regalado en cientos de conversaciones, pero sí quiero recopilar y compartir aquí lo que he denominado *perlas sobre el liderazgo.*

Hace unos meses, mientras escribía las últimas páginas de este libro, recibí el primer wasap del día. Eran las 7:34 h de la mañana. Decía: «Noemí, tú lo que haces es extraer las perlas de las personas a las que entrevistas, y eso es valiosísimo. La perla es difícil de encontrar, muy apreciada, y requiere mucha búsqueda... Gracias siempre por contar conmigo». Me emocioné al leerlo. Era un mensaje de Bustos, de quien te hablé cuando nos comimos el bombón curiosidad. Gracias, Carmen, porque tu mensaje me ha despertado una nueva mirada hacia el ejercicio periodístico. Desde entonces me siento buscadora de perlas. La perla es la única joya procedente de un ser vivo y efectivamente requiere una perseverante búsqueda.

Comparto a continuación mi colección de perlas, que contiene ideas joya procedentes de seres —esta vez vivos— y grandes conversadores.

Son diez ideas extraídas de conversaciones que he mantenido con maestros de la conversación. Se trata de fragmentos que contienen reflexiones útiles no solo para nuestra actividad profesional, sino también para nuestra vida cotidiana. Son diez perlas sobre el liderazgo. Dirijas o no un equipo, estas ideas amplían nuestra visión del mundo. Son un compendio de visiones del liderazgo que de algún modo recogen tendencias actuales. Algunas ensalzan nuestras posibilidades como individuos y otras nos permiten reflexionar sobre nuestra contribución a una sociedad mejor, sean cuales sean nuestra posición y nuestra profesión, seamos líderes de un equipo o de nosotros mismos.

2. Colección de diez perlas sobre liderazgo

Conversación con Oriol Segarra, CEO del Grupo Uriach

Uriach es una compañía líder en Europa en el sector de la salud y del cuidado personal. Comercializa en nuestro país productos que todos conocemos, como Fisiocrem, Aerored o Biodramina. En diferentes actos había tenido ocasión de coincidir con personas que trabajaban en Uriach y siempre me hablaban de su CEO con gran admiración, así que tenía ganas de conocerlo. Conversé con Oriol Segarra en un foro de directivos y, aunque él cree que dice cosas de Perogrullo, como me repitió un par de veces a lo largo de nuestra charla, me ha costado bastante elegir su perla porque me dejó varias en apenas media hora de conversación. Comparto la escogida:

«La guerra por el talento es un mito».

«La guerra por el talento es un mito. Nos quieren convencer de que el talento es escaso, de que hay que identificarlo, atraerlo y retenerlo, y eso no es así. La realidad es que el talento de una empresa es infinito. Utilizamos una milésima parte del talento de las personas de nuestra organización. Nosotros tenemos a personas en una fábrica que se van a casa y son capaces de ser presidentas de su comunidad de vecinos, de organizar estupendamente un viaje familiar y muchas cosas más. Tenemos que encontrar áreas en las que las personas puedan desarrollar más su talento. Y eso se vincula con la creatividad: hay que dejar que las personas den ideas y las desarrollen; es entonces cuando te das cuenta de que tienes un talento enorme. Esa es nuestra principal obligación como líderes: que las personas vayan más allá de lo que piensan que pueden conseguir. Yo intento hablar mucho con quienes se van de Uriach y, cuando lo hacen, les hago dos preguntas básicas. Primera: ¿Estos años que has pasado aquí han sido los mejores de tu trayectoria profesional? Sí o no. Segunda: ¿Tienes la sensación de irte de la compañía siendo un mejor profesional y una mejor persona? Sí o no. Si las dos respuestas son sí, solo puedo felicitarles y desearles lo mejor. Si alguna respuesta a las dos preguntas es que no, no hemos hecho bien nuestro trabajo».

Conversación con Imelda Rodríguez, especialista en comunicación estratégica e imagen política

Imelda Rodríguez ha sido la rectora más joven de España (Universidad Europea Miguel de Cervantes, 2014-2020). En la actualidad es investigadora, profesora y consejera de gobiernos en asuntos públicos y políticos. También es autora del libro *Imagen política*, que otro de los conversadores maestros de esta colección de perlas, Bassat, considera la obra más completa y rigurosa de comunicación escrita en nuestro país. El libro de Rodríguez no es útil solo para políticos, sino también para cualquier empresario y líder curioso. Tuve oportunidad de conversar con ella sobre las claves de lo que denomina *liderazgo auténtico*. Aquí va su perla:

«No es posible crear autenticidad; la autenticidad solo se puede gestionar».

«La autenticidad es la verdad de lo que somos, se atiene a la realidad. Por eso no es posible crear autenticidad, ni con el mejor asesor. Si queremos ser auténticos, hay que atenerse a la realidad. La autenticidad solo es posible gestionarla. Hoy necesitamos instituciones, políticos, organizaciones y líderes que resuelvan cosas, como necesitamos relatos que resuelvan algo. El liderazgo auténtico se basa en un método que suma pasión, compasión y fascinación. La pasión debe dar la mano a la compasión, y la compasión no es solo acompañar en el dolor, sino proponer soluciones. La compasión es resolutiva, debe remediar una situación. Firmeza compasiva es la capacidad de tomar decisiones desde la inteligencia práctica, pero atinando. La idea de firmeza compasiva debe ser la brújula de cualquier líder. Es totalmente exigible. La fascinación se produce cuando hay pasión y compasión en los líderes».

Conversación con Juan Carlos Cubeiro, experto en talento

Consultor de liderazgo y autor de más de cincuenta libros sobre liderazgo y personas, Juan Carlos Cubeiro ha asesorado a más de un millar de compañías en Europa y Latinoamérica.

Con motivo de la publicación de su libro *La disrupción del liderazgo femenino*, del que es coautor junto a su hija Zoe, tuve la oportunidad de conversar con él bajo el retador título: «¿Está todo dicho sobre liderazgo femenino?». Cubeiro me sorprendió con esta perla:

«Lo afectivo es efectivo».

«Hombres y mujeres pueden ejercer estilos de liderazgo distintos. Los primeros suelen centrarse más en establecer estrategias para llegar a un objetivo, mientras que ellas suelen conectar mejor con las personas, empatizan mejor. Las mujeres tienen un talento especial para desenvolverse en la empresa con cuatro pilares fundamentales: la empatía, la iniciativa emprendedora, la humildad y la influencia honesta, cuatro cualidades típicamente femeninas que son esenciales para el liderazgo en los tiempos actuales. Las mujeres tienen un talento natural para desenvolverse en esas habilidades. Los hombres, si nos esforzamos, también podemos lograrlo. A estos cuatro pilares hay que añadirle el liderazgo auténtico y afectivo de las mujeres. Las mujeres, que tienen más oxitocina, la parte compasiva del ser humano, pueden entender mejor a los demás. Lo afectivo es efectivo para lograr nuestros objetivos, en la empresa y en la vida».

Conversación con Henar Vega, *coach* y experta en el síndrome de *burnout*

Había tenido un mal día, de esos en los que se acumulan urgencias e imprevistos con clientes. Sonó el timbre de casa; era un mensajero. Me entregó un paquete que rápidamente intuí que era una novedad editorial. Diferentes empresas editoras me envían sus últimos títulos, cosa que agradezco enormemente.

Abrí el sobre y, efectivamente, era un libro: *Trabajar en llamas*, de Henar Vega. Como hago habitualmente, consulté la bio de la autora, y me encontré con que Vega es ingeniera y psicóloga. «Curiosa mezcla», pensó mi cerebro con sus sesgos. Lo de ser experta en el síndrome de *burnout* (estar quemado), considerando mi estado de ánimo aquel día de m..., me pareció un aviso. Escribí al equipo y le sugerí entrevistarla. Así es como la conocí. Aquí te dejo la perla de aquella conversación:

«Lo que te enciende es lo que acaba quemándote».

«El trabajo atencional del líder hacia los puntos más emocionales de las personas es una de sus responsabilidades más importantes. Son precisamente la pasión y la entrega las que a veces pueden llevarnos a cruzar el límite, a dejar de pensar en nuestro bienestar en favor de las obligaciones laborales adquiridas. Ese es el motivo por el que el síndrome de *burnout* es mayor en las profesiones vocacionales y entre roles de alta responsabilidad; de ahí la importancia de que el trabajo y esa pasión no te hagan olvidarte de ti mismo. El *burnout* se ceba con el talento más valioso de la organización y con los líderes».

Nota: Hace ya dos años que el *burnout* alcanzó el estatus de enfermedad profesional para la Organización Mundial de la Salud (OMS), que introdujo el síndrome de desgaste emocional (asociado al estrés crónico en el trabajo) dentro de su Clasificación Internacional de Enfermedades. No es de extrañar que su efecto en la población merezca que se tome en serio.

Conversación con Luis Bassat, publicista

Tuve oportunidad de conversar con Luis Bassat, como te conté al inicio del libro, en uno de los momentos más creativos de la humanidad: en plena pandemia. Le entrevisté en uno de tantos webinarios con cientos de personas conectadas cuando buscábamos constantemente formas de innovar y de ser creativos en nuestros negocios para evitar los efectos de la pandemia. Conversamos sobre valentía, creatividad e innovación y me dejó esta perla:

«Hay dos tipos de líderes: los que dicen "avanzad" y los que dicen "seguidme"».

«En la guerra, como en las empresas, hay dos tipos de capitanes: los que dicen a su gente "avanzad" y los que dicen "seguidme". Si quiero que subamos a la colina, yo voy a ser el primero que voy a subir. En la vida el ejemplo hace que las personas seamos creíbles. Nuestros hechos son más potentes que nuestras palabras. Los hechos están por encima. Situarse en la avanzadilla, asumir los mismos riesgos que el equipo, obrar con transparencia, sinceridad extrema y desde los valores, generará un efecto llamada en el equipo que dirigimos, que nos seguirá. Seremos líderes por voluntad de los demás: ese es el reto».

Conversación con José Armando Tellado, CEO de Capsa Food

Me declaro fan de Leche Central Asturiana. Es la leche que se compra habitualmente en casa. La marca pertenece a la empresa Capsa Food, que dirige José Armando Tellado, un maratoniano a quien le gustó la idea que le contamos un día de organizar un evento denominado Los 10 km del liderazgo, una carrera de diez conversaciones sobre liderazgo con dirigentes de diferentes empresas. Te puedo asegurar que es más agotador estar 10 h seguidas en un plató entrevistando a líderes de empresas que correr 10 km seguidos. Pero esa es otra historia. Sabíamos que Tellado, como aficionado a las carreras y siendo Leche Central Asturiana marca patrocinadora de la Carrera de la Mujer, aceptaría el reto de participar en nuestra hazaña de los 10 km del liderazgo. El día que celebramos el evento, él estaba precisamente viajando a Boston para correr la maratón de la ciudad, así que entró en directo desde allí mediante conexión virtual. Si eres un profesional activo en LinkedIn, te sugiero que le sigas si no lo haces ya, pues es un líder inspirador. En aquella entrevista me dejó esta perla:

«La principal fuente de motivación es un verdadero propósito».

«Lo que mueve a las personas es la motivación intrínseca, esa sensación de que eres parte de algo grande, de que participas en la construcción de algo. En Capsa lo que nos aporta esa motivación es claramente el propósito, un propósito claro. En nuestro caso en Capsa Food (Leche Central Asturiana) ese propósito es defender a los ganaderos, defender los valores del campo; que ellos puedan hacer su trabajo, que tiene que ser rentable y reconocido socialmente, y todo esto es lo que nos hace enfrentarnos a las dificultades sabiendo que al final, si no vamos hacia adelante y no llegamos a la meta en esa maratón que es la gestión de una empresa, estamos dejando atrás a esta gente que ha confiado en nosotros. Hemos de tener claro el propósito y un compromiso firme con él. Surgirán muchos obstáculos en el camino. Si el propósito está en un papel pero no es verdadero, se fracasa. Lo consigues pensando en los que dejas atrás si fallas».

Conversación con Toni Segarra Alegre, creativo

Durante la pandemia, te he contado anteriormente que las empresas dedicadas a la organización de eventos nos lanzamos a organizar sin descanso eventos virtuales. Tras la primera fase de confinamiento, en la que estábamos todos en casa, llegó la segunda etapa y nos fuimos tímidamente atreviendo a lo presencial. Como aún existía miedo, decidimos organizar los eventos sin público, es decir, grabábamos conversaciones en un pequeño plató y emitíamos en directo para un público conectado digitalmente. Así fue como en un espacio de poco más de 4 m^2 conversé con Toni Segarra, uno de los más reconocidos creativos de nuestro país. Conversamos sobre cómo las empresas pueden ser más creativas y de aquella conversación surgió esta perla:

«Liderar es una cuestión de perspectiva».

«Hay un grave riesgo estructural y sistémico en la hiperespecialización. Lo que nos ha hecho progresar y avanzar ha sido esa hiperespecialización. Somos especialistas y el sistema nos lleva a especializarnos, y de ese modo todos tenemos la sensación de que tenemos una verdad, y eso no es cierto. Ese proceso desde la ignorancia hasta el aprendizaje es la distancia. ¿Por qué no puedes resolver algunos problemas en tu empresa? Porque estás demasiado cerca. Has perdido la distancia; lo que necesitas es perspectiva. La perspectiva en términos de conocimiento se consigue con las humanidades, con lo que hemos llamado siempre cultura general, leyendo. Esa perspectiva y esa distancia es lo que un líder debe recuperar para tratar de orientar el rumbo. No es posible marcar un rumbo si no tenemos distancia. Hay que tomar perspectiva también para ver qué hemos hecho cada año diferente a lo que hacíamos antes. Eso es la creatividad. Y para que exista el hábito de la creatividad tiene que existir la costumbre de equivocarse. El principal peligro de la creatividad son las inercias. Cada año las empresas deberían revisar qué están haciendo distinto a como lo hacían el año anterior. Deberíamos pasar una auditoría anualmente para determinar qué hemos hecho diferente en ese año respecto al pasado».

Conversación con Mercè Brey, experta en liderazgo y diversidad

Cuando abusamos de las palabras, corremos el riesgo de que los conceptos se desnaten. En los últimos años, eso ha pasado con la cuestión de la igualdad y la diversidad de género. El debate se ha politizado tanto que ha acabado resultando agotador. Eso pensaba yo hasta que conocí a Mercè Brey, coautora del libro *Alfas y omegas* y autora del recientemente publicado *La millonésima mujer*, que aconsejo a toda mujer con ganas e ilusión por su desarrollo profesional. Ella consiguió a través de su pensamiento ofrecerme una mirada diferente de la diversidad de género y de sus matices, de lo que todos somos en esencia: alfas y omegas a la vez. Brey me inspiró sobre cómo podemos construir a través del equilibrio de lo alfa y lo omega mejores organizaciones y un mundo mejor. De ella es la que me parece una de las frases más sugerentes que he escuchado en los últimos años conversando tanto, una definición de poder que es precisamente eso: poderosa. Aquí te dejo su perla:

«El poder es la energía de la posibilidad».

«Lo masculino y lo femenino que es nuestra esencia alfa y omega está presente en todas las personas, es patrimonio universal; todos tenemos ambas energías. La historia ha situado a la mujer en la esfera privada como la encargada de cuidar de la casa y de los hijos. Las mujeres, al dedicarse a tareas domésticas, han conseguido desarrollar habilidades como la empatía, la capacidad de colaboración, el consenso, la flexibilidad o la generosidad. Por el contrario, la historia ha situado a los hombres en la espera pública, donde se requerían decisión, valentía, analítica y osadía. En las últimas décadas, se ha producido un trasvase de mujeres de la esfera privada a la pública. Las mujeres nos encontramos en un contexto distinto donde muchas de nuestras cualidades no tienen el mismo valor en esta esfera pública donde tradicionalmente se han valorado otras habilidades distintas. Esto hace que las mujeres tengamos que adaptarnos a una nueva realidad con otras reglas del juego. Abogo por construir una tercera esfera que recopile lo mejor de cada entorno para que la sociedad, independientemente de que sean hombres o mujeres, construya un espacio de más respeto, confianza e imparcialidad. Hablar del desarrollo de la mujer no es hablar de poner más mujeres en puestos de dirección. No me interesa nada la confrontación entre hombres y mujeres; lo que me interesa es que dejemos más espacio para que lo femenino se exprese en hombres y mujeres en las organizaciones. Otra cuestión esencial es la responsabilidad individual. ¿Qué es aquello que yo puedo hacer desde el ámbito individual para hacer que las cosas cambien? Esto es importante. Las revoluciones siempre se han iniciado desde abajo, cuando las personas asumen la responsabilidad del cambio y hacen lo máximo posible. Creo que estamos cambiando en el ámbito de la empresa, se está gestando un movimiento profundo que está cambiando las cosas, cada vez se concede más espacio para esos atributos asociadas a lo femenino: el consenso, la colaboración, el cuidado, la empatía, etc., pero hay que ser paciente y persistente. La clave es influir en tu entorno: cuando un número crítico de personas cambia su forma de pensar y actuar, la sociedad se transforma. El poder es la energía de la posibilidad».

Conversación con Xavier Marcet, experto en *management*

Es fácil para un periodista entrevistar a alguien que habla en titulares. Eso es lo que hace Xavier Marcet, de quien ya te he hablado a lo largo de estas páginas. Se dice de él que hace poesía del *management*. Lo conocí en 2018 entrevistándolo y desde entonces no he podido parar de leer sus libros y sus artículos semanales en el diario *La Vanguardia*, con los que inspira a tantos profesionalmente cada domingo. Leer a Marcet es leer aquello que parece obvio y él eleva otorgando profundidad y sabiduría. Para nuestra comunidad Canal CEO www.canalceo.com, él ha sido y sigue siendo fuente de inspiración. Conversar con este experto en liderazgo y empresa es muy enriquecedor. Son tantas las perlas recogidas de nuestras conversaciones que me ha resultado muy difícil elegir. Comparto esta que tiene la esencia del aprendizaje, porque aprender es lo que he hecho siempre escuchándole:

> «Hoy tenemos empacho de expertos y cierta falta de sabiduría».

«El liderazgo humanista tiene sentido porque es recuperar el humanismo, uno de los mejores momentos de la historia de Europa. Es lo que ha quedado del Renacimiento, un momento de creación desbordante de belleza. Hoy cuando utilizamos el concepto de liderazgo humanista estamos diciendo que en este momento en el que hay que crear una nueva ecuación entre personas y tecnología decantaremos la balanza a favor de las personas. La retórica es fácil: hay que tomar decisiones que garanticen que en esta ecuación ganan las personas. Lo que dice el *management* humanista es que hay que dar resultados, pero no de cualquier manera ni a cualquier precio. Vivimos en una época en la que tenemos un empacho de expertos, pero falta una cierta sabiduría. Y una parte de la sabiduría tiene que ver con cruzar mundos. Es apasionante cuando un gran médico es capaz de hablarte de historia o de arte o un gran experto en pintura puede hacerlo de tecnología. Lo importante no es empezar por las humanidades y terminar por la ingeniería o empezar por económicas y terminar incorporando las humanidades a tu vida; lo importante es la síntesis. Todos escogemos de inicio una puerta, pero detrás de ella no hay un pasillo, aunque a veces lo parece; detrás de cada puerta hay acceso a un recibidor donde se abren múltiples opciones. Reivindicar el ámbito de las humanidades en un mundo que está marcado por los intereses no solamente hace que compensemos las cosas, sino que consigue que hagamos lo que tenemos que hacer: dar resultados, pero de un modo distinto. Hay que recuperar la esencia del liderazgo, que es la influencia. Empiezas a liderar el día que tu verbo *influir* pesa más que tu verbo *mandar*».

Conversación con Manuel Pimentel, editor

Efectivamente, como decía, me gustan esas personas que hablan en titulares porque te facilitan el trabajo periodístico de la conclusión, que es una de mis tareas preferidas. Sin embargo, lo que me gusta menos del ejercicio de entrevistar son las biografías. Me parece aburridísimo. La mayoría de las veces se extienden con títulos, cargos, reconocimientos y honores porque estas personas suelen tener currículums admirables y, por tanto, muy extensos y te obligan a leer el papel de forma literal. Le agradezco mucho a Manuel Pimentel que, a pesar de su poliédrico perfil, siempre me haya dejado ser un alma libre y saltarme el guion para presentarle en las diferentes ocasiones en las que lo he hecho en los últimos años. Él efectivamente es muchas cosas a la vez: abogado, ingeniero agrónomo, empresario, exministro, autor e incluso presentador de televisión. Para mí, en este momento en el que escribo estas últimas páginas, es sobre todo mi amigo y editor. Me ha costado lograr el objetivo desde que hace más de cinco años estuvimos charlando por primera vez de la posibilidad de hacer este libro. Sé que no lo habría conseguido sin su confianza y su generosidad. ¡Gracias, Manolo! Tengo cientos de perlas recopiladas de nuestras conversaciones, pero hay que escoger, así que, para rematar mi colección, he elegido esta:

«Transcendencia y circunstancia definen a todo líder».

«La esencia humana se ha modificado muy poco a lo largo de la historia. Siempre la motivación más elevada para toda la humanidad ha sido la trascendencia. Por eso se construyeron las pirámides, por eso los emperadores soñaron con sus imperios. Hay una parte esencial del liderazgo que no se modifica. Lo esencial es que un líder es un ser capaz de poner a las personas a trabajar para un fin común. Eso no ha cambiado nunca ni cambiará, y eso es lo que une, por ejemplo, a Alejandro Magno con Jobs... imaginaron y persiguieron.

Lo que sí cambia son las circunstancias; lo que vivimos nos cambia. La circunstancia de Alejandro Magno no tiene nada que ver con la de un líder actual. El líder que yo admiré en la década de 1980, cuando empezaba a trabajar en el ámbito de la ingeniería, hoy estaría en la cárcel. Entonces se apostaba por la osadía, el límite de la norma, pero no creamos que cualquier tiempo pasado fue ni mejor ni peor. El esfuerzo tremendo de los líderes es saber leer los signos de los tiempos, los valores y las circunstancias que dominan el mundo en su momento. Ese es el reto de liderar».

Con esta idea de trascendencia y circunstancia de mi editor cierro la Colección de perlas sobre el liderazgo. Precisamente la trascendencia es lo que consiguen estos maestros conversadores con sus libros y sus aportaciones en estas conversaciones que me han regalado, mientras que la circunstancia es la que me recuerda que las páginas de este libro son finitas y que nuestra cita va llegando a su fin.

Antes, déjame decirte que tú también puedes convertirte en maestro de la conversación. Solo necesitas energía, porque todo es cuestión de energía. Eso es lo que te propongo en el siguiente, último y breve tramo de este camino juntos.

10
Todo es una cuestión de energía

«La energía y la persistencia conquistan todas las cosas».

Benjamin Franklin

Iniciábamos nuestro encuentro en el primer capítulo con la impaciencia como protagonista y detonadora de la acción. Lo que le ocurre a la acción es que nunca es eficaz cuando escasea algo tan esencial como la energía. La necesitamos para hacer que las cosas pasen. Si pudiera pedirle a la vida que algo no me falte nunca, sería energía. Si la tenemos, somos capaces de ilusionarnos, de crear y también de superar los obstáculos que irremediablemente van surgiendo en el camino. Sin energía es difícil llegar a cualquier meta. Puedo considerarme una suertuda porque dicen los que me conocen bien que de esto voy sobrada.

Energía es un bonito vocablo con diversas acepciones. Utilizando primero la definición más científica, recordaré aquí al personaje icono de la ciencia, Albert Einstein. No sabemos si serán suyas todas esas frases que se le atribuyen, pero lo que sí es seguro es que descubrió la que es posiblemente la ecuación más famosa de la historia, que describe que la energía es igual a la masa por la velocidad de la luz al cuadrado:

$$E = mc^2$$

Demostró así el científico que la masa de un objeto desplazándose a gran velocidad aumentaba. Efectivamente, la física nos dice que la energía es esa capacidad que tiene cualquier materia de realizar un trabajo que genera un cambio: una variación de temperatura, una transmisión de ondas, un movimiento, etc. De hecho, es conocida la frase: «La energía ni se genera ni se destruye; se transforma».

No puedo evitar ahora que llegamos a estas últimas páginas tirar de simbología con la ecuación de Einstein. Te imagino a ti, lector, que has llegado hasta aquí, con tus retos, orbitando por el universo desplazándote a la velocidad de la luz, para acabar, por efecto de la física, en un lugar nuevo en el que se haya producido un cambio: tu propio hexágono de la determinación completado, alguna reflexión profunda, una iniciativa despertada, un reto emprendido... Me conformo con una pequeña transformación. El cambio que sea el que se haya podido producir no será a causa de la charlatanería, sino de la física: simple efecto de la energía que has puesto en la lectura.

Dejando al margen mi delirio y la definición desde la física, la energía se define también como el poder y la virtud que cada uno de nosotros tenemos para conseguir lo que perseguimos. Se dice que las personas tenemos cuatro tipos de energías: la física, la mental, la emocional y la espiritual.

Energía es una palabra de mi *palabrario*, como diría el filósofo e investigador Castellanos. El palabrario se refiere a esas palabras con las que a modo de prendas de ropa nos vestimos cada día. Es una de mis palabras *habitadas*, esas que dan sentido a tu forma de ser y estar en el mundo y que te protegen. La mía es, sin duda, *energía*. ¿Cuál es la tuya?

Sin energía no hay cambio ni transformación. Todo lo que hemos visto en estas páginas, tener iniciativa, pensar en el futuro, atreverse, desarrollar nuestras actitudes bombón, conectar a través de nuestra comunicación, disfrutar de buenas conversaciones..., es una cuestión de energía.

La buena noticia es que la energía está en cada uno de nosotros; tú decides a qué la dedicas. La mala noticia es que no tenemos todo el tiempo del mundo; el tiempo es finito, por lo que necesitamos deshacernos de la pereza, la duda y el miedo para dedicar nuestra fuerza a pensar y a hacer. Pensar y hacer son a la vez las dos energías más poderosas, las que generan transformaciones.

Mi propuesta es que no esperemos a que las cosas ocurran por devenir: utilicemos la energía que nos pertenece y que reside en nosotros. Nadie va a dedicar más energía que tú mismo a alcanzar tu propio objetivo.

La clave es ser consciente de que el uso que haces hoy de tu energía está definiendo tu mañana. Las personas logramos cambios y retos porque ponemos nuestro coraje en ello, es bien sencillo. Yo he puesto energía en escribir este mi primer libro, y tú lo tienes entre tus manos. No es cuestión de cuánta energía tienes, más o menos, sino de utilizarla bien.

Dijo Benjamin Franklin, científico considerado uno de los padres fundadores de Estados Unidos, que «la energía y la persistencia lo conquistan todo». No soy una ilusa; sé que en todo reto que nos planteamos existen obstáculos y elementos que están fuera de nuestro control. Pero, si estás dispuesto a hacer todo lo necesario siendo consciente de las consecuencias y los saboteadores que vimos en el hexágono de la determinación, podrás vencer impedimentos. La energía es el principio que activa nuestras posibilidades.

Dedica tu energía a algo que para ti valga la pena, que sea bueno para tu futuro o para el de los tuyos, algo que te haga feliz pero también mejor persona. Para tener esa fuerza, lo tendrás más fácil si encuentras tu propósito en la vida, eso que desde el éxito del libro de Héctor García y Francesc Miralles, *Ikigai*, denominamos nuestro *ikigai*, que es la conjunción de lo que te gusta, en lo que eres bueno, por lo que te pagarían y lo que el mundo necesita. Si aún no conoces tu *ikigai*, te sugiero descubrirlo leyendo su libro. Te puede cambiar la percepción de tu propia existencia. Si ya has descubierto tu *ikigai*, exprime tus habilidades para mejorar permanentemente aquello que estás ofreciendo al mundo.

La energía es la dedicación y el esfuerzo al servicio del pensamiento y de la acción.

Dice la RAE que las personas enérgicas somos activas, intensas, resueltas, dinámicas, firmes y poderosas. A las personas enérgicas los obstáculos no nos frenan. Esa energía y ese entusiasmo que se nos asigna a los emprendedores o a personas con iniciativa no son innatos. Están en cada uno de nosotros; de hecho, todos somos transformadores de energía. Hay que saber gestionar la que tenemos en cada momento. Hacerlo es sencillo, no descubro la pólvora: actividad física, buenos alimentos, descanso y mucha actitud bombón. Necesitamos llevar una vida saludable para poder renovar nuestra energía de forma constante.

Más allá de su versión física y mental, la energía tiene también una dimensión emocional. Conectamos con otras personas por su energía. Decimos a menudo que hay personas con buena energía que nos recargan las pilas y otras que nos la consumen: los vampiros emocionales. Debemos saber identificar bien la energía de las personas con las que nos relacionamos porque intervienen de forma significativa en nuestro desarrollo y en la consecución de nuestros objetivos. Estemos muy alerta. A mí me cargan las pilas cosas sencillas como pasar tiempo con mis hijas, conversar con personas inspiradoras, salir a correr con mis amigas *runners*, las *Girls on the run*, y subirme a un escenario para comunicar y conectar con personas. Sin embargo, me consumen energía las discusiones, algunas conversaciones superfluas y determinado tipo de personas. Es sencillo y práctico identificar lo que nos da y lo que nos quita energía. Así provocas unas cosas y evitas otras.

¿Qué acciones y personas de tu entorno te dan energía y qué o quiénes te la consumen? Y sobre ti, ¿qué energía crees que desprendes?

Para completar, tenemos nuestra energía más espiritual. Esa es una dimensión que a determinadas personas nos cuesta identificar y sentir, e incluso hablar de ella. En el ámbito de la empresa muy habitualmente es tabú o está poco presente. Vivimos en una sociedad en la que buscamos que todo pueda medirse, estamos obsesionados con los indicadores. A menudo nos distanciamos de cualquier asunto que sea invisible o que no pueda ser explicado desde la razón, pues nos parece poco confiable. Y eso le pasa a la dimensión espiritual.

Quiero compartir contigo ahora que llegamos a nuestra despedida una historia invisible que me ha chutado de energía hasta la fecha.

Mi abuela paterna, de nombre Cayetana, perdió a una niña con diez años. La niña se llamaba Noemí Boza; hoy mi tía tendría 84 años. Cuando la niña murió, su hermano, mi padre, tenía ocho años. Mi abuela, apenada por aquella triste pérdida, siguió teniendo hijos. Vinieron tres varones más, como solía decir mi abuelo. La historia es que yo fui la primera nieta niña de los nueve nietos que tuvo mi abuela. Me llamaron Noemí por razones obvias. Crecí en mi infancia con aquella niña muy presente. Estaba en una gran foto en la librería de casa de mi abuela a la que yo visitaba diariamente, pues vivíamos en el mismo edificio. La foto de la niña estaba también sobre la televisión en un retrato precioso de esos antiguos en blanco y negro, con pupitre y mapamundi de fondo. Su imagen estaba grabada en la medalla de oro que mi abuela llevó siempre colgada al cuello. Por supuesto, estaba presente en las conversaciones de mis abuelos, quienes hablaban de su niña con dulzura. No sé explicar el motivo por el que me sentí siempre conectada espiritualmente con aquella niña que se fue pronto y que creo que me regaló energía para tres vidas.

Durante años ignoré esta historia de conexión, ya que no podía ser explicada desde la razón. Hace algún tiempo, posiblemente buscándole algo de sentido, descubrí que mi energía, esa que en casa piensan que es algo excesiva, quizás procedía del denominado *efecto Pigmalión*, que tanto se ha utilizado en el ámbito educativo. Este fenómeno también denominado *efecto Rosenthal* (profesor que utilizó el método en Harvard) se refiere a la capacidad de influencia de las personas en la conducta, el rendimiento y los resultados de la otra persona. Diferentes experimentos han determinado que las creencias y expectativas que los profesores depositan en los alumnos condicionan su desempeño. Lo conocen bien los profesionales que se dedican a la docencia y a la psicología.

Neurocientíficamente está estudiado que, cuando alguien confía en nosotros, se incrementan la energía y la lucidez. La confianza es la mejor amiga de la energía.

Con el tiempo he deducido que mis abuelos y mis padres pusieron toda su confianza y la mayor de las expectativas en que yo tuviera el vigor suficiente para vivir. Confiaron tanto en que una primera nieta era la nueva oportunidad de tener una niña feliz en la familia que impulsaron mi rendimiento y mis posibilidades. He entendido y aceptado con los años que esta es mi energía más espiritual. Me la trasladó mi familia de forma invisible a través de la historia familiar y en memoria de mi tía Noemí, a quien no conocí. Me alegro de que, sin que fueran conscientes, mis padres y mis abuelos utilizaran intuitivamente un método que poco antes de mi nacimiento, en la década de 1960, se investigaba en la prestigiosa Universidad de Harvard.

Pero el efecto Pigmalión es un arma de doble filo, porque también funciona al revés: si las expectativas son negativas, los resultados también lo serán. Ocurre en la docencia y en la empresa. A través de expectativas positivas o negativas, mejoramos o reducimos la productividad y el desempeño de las personas.

Llegados a este punto, no me interesa tanto el efecto Pigmalión para impulsar el desarrollo de los demás, porque quien me interesa eres tú, que has llegado hasta aquí conmigo. Y es que el efecto Pigmalión funciona también de forma individual: las personas podemos conseguir muchas de las cosas que nos proponemos cuando creemos que es posible y ponemos toda nuestra energía en ello.

Nuestro futuro puede ser mejor si desarrollamos nuestra iniciativa y pasamos a la acción, si degustamos las cinco actitudes bombón, si a través de nuestra comunicación mostramos nuestra autenticidad y conectamos con los demás, si aprendemos a vender y a vendernos y si nos esforzamos en conversar mejor y ponemos toda nuestra energía en ello. Todo lo que hemos compartido en este camino juntos para LIDERARnos bien Y COMUNICARnos mejor depende absolutamente de cada uno de nosotros y de la energía que pongamos en conseguirlo.

Decía el padre del *management*, Ducker: «La mejor manera de predecir el futuro es crearlo». No puedo predecir lo que te va a pasar en los próximos años, pero, si dedicas parte de tu energía a pensar y a poner en práctica algunas de las ideas que hemos compartido en estas páginas, me atrevo a predecir que estarás creando un futuro prometedor para ti, además de contribuir a una sociedad mejor. Recuerda que en el camino tenemos libertad para obsesionarnos, sentir el caos y fracasar gloriosamente. Lo que no podemos es dejar de intentarlo.

Admiro a los profesionales con buenos conocimientos en finanzas, que a mí siempre me faltaron, así que me despido con una frase de uno de los mayores inversores del mundo, el estadounidense Warren Buffett: «Aprender a comunicar mejor es la inversión que dará más frutos para el resto de tu carrera. La comunicación es la habilidad que puede llegar a mejorar tu valor financiero en un 50 %. Se trata de un activo duradero».

No hay, pues, mejor inversión que esta. Entonces, ¿por qué lo llaman *liderazgo* cuando quieren decir *comunicación*?

Estoy muy agradecida porque has dedicado tu energía a leerme. Espero que podamos seguir en contacto a través de las redes sociales y quién sabe si quizás algún día podamos compartir un Campari o unos deliciosos bombones. Me encantaría.

@noemiboza

Noemí Boza Cuello

Noemí Boza Cano

Bibliografía

Alva, S. (2024). *Lo que un líder no debe delegar.* Madrid: LID Editorial.

Álvarez de Mon, S. (2012). *Aprendiendo a perder.* Barcelona: Plataforma Editorial.

—, (2021). *Las conversaciones que NO tenemos.* Barcelona: Plataforma Editorial.

Bassat, L. (2019). *Sueña como Luther King, habla como Obama, manda sin mandar y sé tú mismo.* Barcelona: Plataforma Editorial.

Brey, M. (2024). *La millonésima mujer.* Barcelona: Plataforma Editorial.

Brey, M. y Yasinetskaya, V. (2019). *Alfas y omegas.* Barcelona: Plataforma Editorial.

Cabero, D. (2023). *Decidiendo.* Madrid: Seurat Ediciones.

Calle, S. de la (2024). *La risa asusta al miedo.* Barcelona: Plataforma Editorial.

—, (2019). *La ciencia del lenguaje positivo.* Barcelona: Ediciones Paidós, 2016.

Castellanos, L. (2019). *El lenguaje de la felicidad.* Barcelona: Editorial Planeta.

Cavallo, Giuseppe. *Habla con el corazón.* Madrid: Fundación CONFEMETAL, 2021.

Cordón, Rafa. *Biocomunicación.* Madrid: Esfagnos, 2022.

Cubeiro, J. C. y Cubeiro, Z. (2023) *La disrupción del liderazgo femenino.* Madrid: LID Editorial.

Fernández Aguado, J. (2023). *Entrevista a Aristóteles.* Madrid: LID Editorial.

Ferrer, J. (2023). *No salgas de tu zona de confort.* Madrid: LID Editorial.

Forés, A. y Grané, J. (2013). *La resiliencia.* Barcelona: Plataforma Editorial.

—, (2021). *El empleado es el rey.* Barcelona: Plataforma Editorial.

Forés, S. (2014). *Solo puede quedar uno.* Barcelona: Plataforma Editorial.

García, H. y Miralles, F. (2016). *Ikigai.* Madrid: Urano.

Garrigues Walkers, A. (2018). *Manual para vivir en la era de la incertidumbre.* Barcelona: Deusto.

González Romero, M. (2023). *Debajo de las palabras.* Barcelona: Plataforma Editorial.

Ibáñez, A. (2023). *Sorprende a tu mente.* Barcelona: Editorial Planeta.

Íñiguez de Onzoño, S. (2024). *Pensadoras y visionarias.* Madrid: LID Editorial.

Llácer Centeno, P. (2019). *Te van a despedir y lo sabes.* Córdoba: Almuzara.

—(2022). *Te van a contratar y lo sabes.* Córdoba: Almuzara.

Lladó, M. (2020). *Enamorarse del futuro.* Barcelona: Plataforma Editorial.

Marcet, X. (2021). *Crecer haciendo crecer.* Barcelona: Plataforma Editorial.

Mora, E. de (2021). *La nueva venta. Instrucciones de uso.* Barcelona: Empresa Activa.

Mora, E. de y Villegas, S. (2017). Seduce y venderás. Barcelona: Empresa Activa.

Padula, E. (2020). *Don de gentes.* Barcelona: Editorial Planeta.

Quesada, M. Á. (2021). *La virtud de pensar.* Córdoba: Almuzara.

Rodríguez, I. (2021). *Imagen política.* Barcelona: Gestión 2000.

Triola, A. (2023). *¿Cómo triunfar en una multinacional?* Barcelona: Gestión 2000.

Vega, H. (2023). *Trabajar en llamas.* Madrid: LID Editorial.

Agradecimientos

No habría escrito este libro sin la ayuda, tantas veces invisible, de personas a las que quiero y me quieren. Gracias a la familia, con quienes conformas esa personalidad y valores, que un día te conducen a esta atrevida tarea que es escribir un libro.

Agradecida a mi madre, Nieves, por darme una vida con tanta energía.

Gracias a mi guardián, José María, por tantos ratos dejándome en mi cueva escribiendo y, otros, obligándome a salir de ella. A mis hijas, Carmen e Inés, por permitirme aprender con ellas a liderar, y por aceptar que les tocó una madre comunicativamente intensa.

A mi tete Luisma, que siendo él un artista, me cedió siempre un lugar en el que brillar.

A mi tía Ina y a mis primas, Mariángeles y Montse, que mostrándome su cariño y admiración han contribuido a ser quien soy, esa Memi, que será feliz si sus sobrinos Ángela y Ferran la leen.

A toda mi familia, porque el lugar que me han dejado ocupar es parte de mi historia de liderazgo. Especialmente, a mi tito Isi, que me ayudó a superar mi rotacismo de pequeña, gracias a él hoy pronuncio que da miedo las *r* fuertes.

Gracias a todas las personas, tanto a las que menciono en el libro como a las que no, que dedicaron su tiempo a conversar conmigo. A tantas que he entrevistado y con las que he mantenido buenas conversaciones en estos años, en público o en privado. A mis socias Cristina Chollet y Ana Mallada, por compartir conmigo el reto de ganarnos la vida con esto tan sugerente del liderazgo y la comunicación. A clientes, colaboradores y equipo, porque a liderar y a comunicar se aprende practicando.

Agradecida a mi editor Manuel Pimentel, por su paciencia en torno a mis dudas con el título del libro. Agradecida a Juan Ferrer, por tantos wasaps de viernes y sábado animándome a escribir y acompañándome con sus observaciones de mejora. Gracias Xavier Marcet por leer el manuscrito y regalarme tu valiosa opinión. A todo el equipo de Lid Editorial, especialmente a las dos Lauras por hacerlo tan fácil. Habéis conseguido que acabe de corregir galeradas del primer libro, pensando en el segundo.

A todos mis amigos y amigas del colegio, de la universidad, de Cubelles, de Sitges, del barrio del Retiro, del *running* y de la vida. A todos, gracias, pero más infinitamente agradecida de antemano a los que quieran ser como mi amigo J. R. Palomo, conversador de tipología elocuente, que se ha comprometido a comprarme 5 libros para que esto no se quede a las puertas de convertirse en un *bestseller*, ☺.

¡Gracias, bombones!

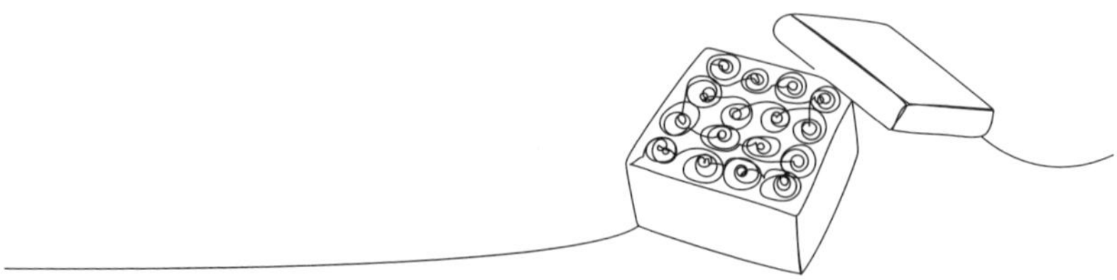